Günter von Hummel

Siddharthas Wiederkehr

Ein wissenschaftlicher Roman -
Eine Anleitung zur Selbstanalyse

Das Umschlagsbild des Autors soll den indischen Dschungel zeigen, wie er vielleicht in Siddharthas letztem Aufenthalt vorgekommen ist. Bekanntlich zeigt Hesses Siddhartha dort seinem Freund Govinda, wie ihn viele Gesichter und Gestalten aus dem Pflanzengewirr anschauen und ihm so Entstehen und Vergänglichkeit allen Seins demonstrieren. Doch ist dies für heute nicht mehr der Weisheit letzter Schluss. Wir brauchen nicht nur für das Kaleidoskop des Bildes, sondern auch für das Durcheinander der Worte eine verbesserte Kombination beider, um die Weisheit neu zu ordnen.

© 2026 Günter von Hummel
Verlag: BoD · Books on Demand GmbH,
Überseering 33, 22297 Hamburg, bod@bod.de
Druck: Libri Plureos GmbH, Friedensallee 273,
22763 Hamburg
ISBN: 978-3-7392-0857-2
Lektorat F. Gfirtner und S. Möckel

Inhaltsverzeichnis

1. Das Niedrigste des Allerhöchsten   5
2. Kinderheirat und der Taumel des Sakralen   29
3. Shayan und Siddhartha   42
4. Psychoanalytische Therapie   64
5. Doppelblick und Echo-Diskurs   84
6. Literarisches und Wirkliches   105
7. Faszination und Sublimierung   119
8. ARE – VID - EOR   147
9. Die doppelte Verneinung   163
10. Anhang zum Verständnis der praktischen Übungen der *Analytischen Psychokatharsis*   183

Bibliographie   197

1. Die niedrigste Stufe des Allerhöchsten

Ganz zu Anfang dieses Jahrhunderts kam ein junger Inder, Shayan Amand,[1] zu mir in analytische Psychotherapie, dessen Geschichte sowie auch der Verlauf der Behandlung mich stark an Hermann Hesse und sein Buch ‚Siddhartha' erinnerten. In den 68er Jahren des letzten Jahrhunderts, also zur Zeit der wilden Studentenproteste, hatte dieses Buch eine Art Kultstatus. Im Gegensatz zur heftigen politischen Revolte war es ein Aufruf zur sanften Erneuerung. Wir lasen damals begeistert A. Camus, H. Böll, P. Handke, S. Freud, H. Hesse, J. Lacan und andere, das Subjekt betonende, Literatur. Es war auch die Zeit, in der man begann, Haschisch oder gar LSD zu probieren, weil es hieß, dass diese Substanzen das ‚Bewusstsein erweitern' würden: ein unsinniger Ausdruck für eine psychisch eigentlich falsche Überstimulation.

Shayan war zum zweiten Mal für längere Zeit in Deutschland und beherrschte die deutsche Sprache daher gut. Doch bevor ich die Schilderung der Therapie aufnehme und auf die Parallelität zu Hesses Buch eingehe, schicke ich ein paar vorgezogene Erzählungen voraus. Vorgezogen deswegen, weil alles, was ich nun schon anfangs erwähnen möchte, aus der eigentlichen späteren Behandlung stammt, deren konkreten Verlauf ich ab dem vierten Kapitel schildern werde. Ich will mich im Grunde

---

[1] Der Name und auch einige andere Gegebenheiten wurden aus Datenschutzgründen verändert ohne dem eigentlichen Geschehen Abbruch zu tun.

genommen an dem Fortgang dieser Therapie orientieren, fange jedoch jetzt nicht gleich mit einer detaillierten Schilderung derselben an, weil sonst schon die ersten Zeilen mit etlichen wissenschaftlichen und theoretischen Bemerkungen angefüllt sein würden, die ich bereits in mehreren reinen Sachbüchern dargelegt habe.. Nur über das Wesen des seelisch Unbewussten will ich jetzt gleich eine kurze Bemerkung machen.

Das menschliche Seelenleben verläuft nämlich größtenteils nicht bewusst, nicht in den Gedanken und Gefühlen, die uns zu beherrschen scheinen. Es ist vielmehr unbewusst, indem dort zwei grundlegende Strebungen, Triebe wirken; der französische Psychoanalytiker J. Lacan nannte sie die ‚imaginäre Ordnung' bzw. den Schautrieb, und die ‚symbolische Ordnung' bzw. den Sprechtrieb.[2] An diesen beiden Grundkräften oder Ordnungen kann man nichts ändern, doch wie sie miteinander kombiniert sind, daran kann man mitwirken. Wenn der kleine Shayan Amand in Nordindien schon als Junge oft am Ufer des Ganges saß und meditierte, bewegte sich sein Seelenleben mehr aus der ersten dieser Strebungen heraus, der Schaulust, dem Visuellen, dem sich in sich selbst Spiegelnden, dem Imaginären.

Der damals Elfjährige identifizierte sich mit der malerischen Umwelt des Flusses, mit dem so mächtig und doch

---

[2] Erstere Strebung ist auch identisch mit dem, was man im weitesten Sinne sogar die unbewusste ‚Aufmerksamkeit' nennen, und der Sprechtrieb ist das, was man umfassend gesehen auch den generellen Anspruch, den ‚Liebesanspruch' heißen kann.

auch elegant dahinfließenden Wasser, den Zierpflanzen und Chinagräsern des Ufers, den aufflatternden Brillenvögeln und vielem anderen um ihn herum. Ein Kind in diesem Alter verwächst noch oft mit den charakteristischen Zügen, den mehr visuellen, imaginären *Signifikanten* all dieser Objekte, und lässt daher die zweite Strebung, die sprachlich-symbolischer Zusammenhänge, noch weitgehend außer Acht.[3] Shayans Seele war noch sehr bildhaft und von der ‚imaginären Ordnung' beeinflusst, aber schon von einigen Wortbedeutungen und Symbolen mitgeprägt.

Der Elfjährige hatte von seinem Großvater, der regelmäßig Yoga praktizierte, gelernt, wie man den frühen Morgen an den kühlen Wassern des Flusses dazu nutzen konnte, in jene leicht gehobene und wie mit der Umgebung verschmolzene Stimmung zu gelangen, die man in Indien Moksha nennt: Befreiung, Katharsis, Erlösung. Auch wenn dies für Shayan, den noch kindlichen Yogi, vielleicht keine altersentsprechenden Begriffe sind, denn sie entstammen dem Vokabular komplex ausgearbeiteter Yoga- und Meditationsformen, träumte der Junge manchmal doch davon, wie sein Großvater, sein Babu, zu werden, der in seinem Leben viel meditiert hatte. Babu war ein großer Mann, der reichlich sonnengegerbte Falten im Gesicht, einen grauweißen Bart und einen ähnlich

---

[3] Auch bleiben die Teile, mit denen man sich nicht identifizieren kann, unbewusst zurück und werden so zur Quelle von Aggression (siehe J. Lacan, Die Aggressivität in der Psychoanalyse). Mehr dazu später.

farbigen, kunstvoll geschlungenen Turban trug, wie es bei den Sikhs, jener neben den Hindus und Moslems dritten Religionsgruppe in Indien, üblich ist. Wie der Fluss hatte also auch Babu etwas Ikonisches an sich. Er war eine ‚Erscheinung mit Bedeutung', wie es der Philosoph W. Seitter nannte,[4] oder der Archetyp des väterlich-gutmütigen alten Mannes, wie es der Freud-Schüler C. G. Jung beschrieb.

Aber vielleicht hingen Shayans Träume nur damit zusammen, dass alte Menschen in Indien immer noch besondere Achtung und Ehrerbietung genießen, und sein Babu somit eine Art Gott-Mensch war, den man geradezu verehren musste. Indien ist voll mit Bildern von alten, runzligen und bärtigen Heiligen, und fast jeder alte normale Mensch zehrt dort ebenso von diesem Nimbus. In den modernen westlichen Gesellschaften kennt man kaum noch solch eine Berücksichtigung und Achtung des höheren Alters. Wer steht in unseren westlich-modernen Zivilisationen noch im Bus auf, um einem Älteren Platz zu machen, oder lässt ihm beim Einsteigen den Vortritt? Schließlich glauben heutzutage die jungen Menschen bei uns, dass Altwerden keine besondere Leistung ist. Man wird automatisch alt, man muss nichts dazu tun, es ist eher hässlich und funktioniert von selbst, warum also sollte man dem Alter besondere Achtung zollen?

Der Fluss, an dessen Ufern Shayan also saß, strömte mit der ungeheuren Gelassenheit einer plastischen und

---

[4] Seitter, W., Physik des Daseins, Sonderzahl (1997) S. 214

abgekühlten Lava dahin. Gelegentlich flog ein Reiher oder ein Schwarm Nektarvögel mit lebhaftem Gezwitscher auf. Es war einfach wundervoll, das Erwachen der Natur zu beobachten und gleichzeitig denselben Ton, dieselbe Gestimmtheit und malerische Muße in der Seele aufzuspüren. Obwohl Shayan keine besondere Ahnung davon hatte, was Meditieren alles bedeuten konnte und was damit zu erreichen wäre, wollte er einfach – zumindest noch in diesem Alter – ein großer Magier, Zauberer oder Guru werden. Oder irgendetwas von dem, was auch in seinem Babu steckte, der selbst nie davon sprach oder etwas von seinem Lebensweg erzählte. Er wollte dieser geheimnisvolle Potentat werden, denn das machte ihn vielleicht noch interessanter, als wenn er von den Ergebnissen seiner Meditationen und Erfahrungen dauernd gesprochen hätte. Babu war eine lebende Statue, ein indischer Weiser.

Schon früher hatte Shayan sich gewünscht, ein Kämpfer oder der Held eines Clans oder der eines Cricket Clubs zu sein. Später – mit etwa sechzehn oder siebzehn Jahren – wandelten sich all diese Wünsche und er träumte davon, Schiffskapitän oder gar Computerwissenschaftler zu werden. Auch Pilot und Raumfahrer waren Vorstellungen, die er sich später machte und die so weit gingen, dass er als einziger von einer anstrengenden und gefährlichen Marsmission zurückkehren und von allen umjubelt werden würde. Nach jahrzehntelanger Reise sah er sich von einem riesengroßen Spaceshuttle heruntersteigen und – allseits geehrt – seine Familie in den Arm nehmen. Er hatte noch keine Ahnung, dass man von einer Mission zum Mars wegen der schwierigen Ressourcen- und Rückstartprobleme nicht in einer Lebensspanne wieder zur Erde zurückkommen könnte. Vorerst jedenfalls muss man dort bis zum Tod bleiben, wenn man überhaupt lebend dahin kam.

Dagegen waren die Voraussetzungen für den Computerwissenschaftler, der er später dann tatsächlich geworden war, in Indien nicht schlecht. Aber auch der Gedanke, ein Guru wie sein Babu zu werden, war für den Jungen nicht unrealistisch. Schließlich wuchs Shayan in der Nähe von Haridwar auf, wo es alle zwölf Jahre eine Kumbh Mela gibt, ein Treffen von Millionen gläubiger Hindus. In Indien gibt es Hunderte von Namen für die Menschen, die sich den höheren Weihen des Yoga oder irgendeiner Art von ‚Spiritualität' und Meditationsmethoden zugehörig fühlen. Man konnte Sadhu, Sannyasin, Paramahansa, Sant, Yogeshwar, Satsangi, Pandit, Sat-Guru oder gar Param Sant Satguru heißen, um nur ein paar der Titel zu nennen, deren Verwirklichung große Anerkennung versprach. In Indien befindet sich jeder Mensch schon von vornherein ein ganz klein wenig ins sogenannte ‚Spirituelle' emporgehoben, was – fast muss man es so sagen – dort auch notwendig ist.

Denn nur diese leichte Anhebung führt dazu, dass die Menschen in dem ständigen engen Gewurrle, in dem Haut-an-Haut-Gedränge, in dem zu einer scheinbaren Einheit gewordenen Masse-Mensch-Gefüge und -Gerumple überhaupt überleben zu können. Von einer gewissen, auch noch so geringen Höhe aus, selbst wenn sie nur gefühlt ist, überblickt man nämlich alles und bemerkt, dass die Menschen alle in der gleichen Situation sind. Sie kommen mit ihren Rikschas, Fahrrädern, Ochsenkarren, TukTuks, Taxis, Last- und Personenwagen, als Fußgänger, Dabbawallas, Eremiten und als hundert andere Gestalten gleichermaßen gut vorwärts, seitwärts oder durcheinandergekreuzt weiter. Alles funktioniert im hastig-gelassenen Tempo, und getreu Heraklits These vom ‚Panta Rhei' fließt alles zügig und doch auch sanft und gleichmütig auf einer sehr niedrigen Stufe des Daseins dahin.

Doch über all dies brauchte sich Shayan Amand keine komplexen Gedanken zu machen. Er war noch in die ländliche Dorfgemeinschaft, in der er, seine Familie, etliche Verwandte und Bekannte lebten, vollkommen eingeschlossen. Es gab dort – etwa Ende der siebziger Jahre des letzten Jahrhunderts – kaum Fernsehen und schon gar kein Gerät dieser heutzutage wichtigen digitalen Elektronik. Selbst ein Telefon besaßen nur wenige. Und nicht nur dem Alter musste man Achtung zollen, es galt – und gilt sicher auch heute noch – in Indien als normal, Ungemütliches, Schmerzhaftes, Eintöniges etc., auszuhalten, zu ertragen und zu dulden. Ich hatte einmal einen jungen Psychologiestudenten in Therapie, der mir erzählte, welche Strategien, neue Methoden, Gruppen-Therapien und andere psychologische Verfahren in seinem Studium diskutiert würden, um das Leben angemessen gut und mit entsprechendem Spaßfaktor ausgestattet gestalten zu können. Für alles sollte es positive Bewältigungsformen und Bequemlichkeitsstrategien geben, um den doch so unsinnigen Stress zu vermeiden.

Doch jetzt, nach einigen Semestern des Studiums, sagte der Student zu mir, dass er erkannt habe, manchmal auch etwas aushalten und ertragen können zu müssen. Er war selbst richtig erstaunt darüber. Denn „aushalten" war ein absolutes Negativwort. Es erinnerte an die Durchhalteparolen der Kriegsjahre, und so etwas war verpönt. Etwas auszuhalten und nicht gleich nach psychologischen Tricks zur Vermeidung jeglicher Unannehmlichkeit zu rufen, erschien dem jungen Psychologiestudenten jetzt plötzlich wie eine Erleuchtung. Mal einfach warten, bis etwas Unangenehmes wieder vorbei ist, war Shayan, dem indischen Jungen, dagegen von Natur aus vertraut. So etwas kommt immer wieder mal vor, dass es wochenlang zu heiß ist oder es im Monsun zu viel regnet. Dass es manchmal nicht viel zu essen gab oder einfach nichts los war und man so gezwungen war, etwas aushalten zu müssen, ohne wie die heutigen Kinder westlicher Länder ständig zu sagen: „Mir ist langweilig, was soll ich tun?"

Ich glaube also, dass es gut ist, schon ein paar wichtige Bilder aus Indien und Shayans Kindheit und Jugend zu vermitteln – auch einschließlich der Hintergründe, die in einer analytischen Psychotherapie erst nach vielen Sitzungen zur Sprache kommen. Ich will ja alles ein wenig so schildern, dass es nicht nur die Kasuistik eines Falles im Fachjargon wird. Es soll ein Gemisch aus meinen und Shayans eigenen Worten sein, eine Erzählung, ein Roman, in dem ich auch wissenschaftliche Thesen zu Wort kommen lassen will, indem ich einen Kommentar dazu mache, wie er versuchte, die Traumata seiner nicht gerade leicht verlaufenden Kindheit zu verdrängen.

Denn ein Kindheitstrauma hat – mehr oder weniger – jeder Mensch, wenn auch vielleicht nur in stark reduzierter Form. Die erste Kombination der oben genannten imaginär-symbolischen Triebkräfte geht fast immer schief. Das Kind ist damit überfordert, es kann nur einen Teil zu seiner Ich-Bildung integrieren und muss somit seine Seele spalten. Es kann in seiner Schaulust, in der neugierigen Strebung der Aufmerksamkeit, in diesen Spiegel- und Strahlungen, von denen ich eingangs schrieb, nicht alles klar und distinkt genug festhalten, und die Mutter sowie die ersten Bezugsobjekte können nur eine gute Begleitung bieten.[5] Dazu kommt, dass wir von Anfang an von der Sprachwelt, dem erwähnten Sprechtrieb, den ich gerne auch ein ‚Es *Spricht*' nenne, geprägt werden, was ebenso zur Spaltung beiträgt. Denn der Mensch hat weder die Ordnung der Dinge noch die der Sprache erfunden, sondern ist unbewusst bestimmt, wenn er auch ihre Kombinationen mitformen kann. Eine der ersten, wenn auch nicht die allererste Kombination, ist das imaginäre ‚Objekt' seines Ichs. Sein Spiegel und sein Echo.

Das Ausharren in der Stille und Einsamkeit mag also etwas Besonderes für Shayan gewesen sein, ohne dass er

---

[5] Ich nenne diese Strebung des Visuellen bzw. der Aufmerksamkeit auch ein ‚Es *Strahlt*', weil dies eine einfache und kompakte Formel dafür ist. Nicht nur der Blick strahlt nach außen, auch von außen kommt etwas auf uns zu, das uns angeht, anblickt, ‚*Strahlt*'. Gleichzeitig enthält dieser Begriff wie schon in Fußnote 2 erwähnt, auch sein Gegenteil, die Möglichkeit zur Bildung von Aggressivität.

seine seelischen Vorgänge dabei genau hätte beschreiben können. Man muss sich sogar fragen, ob er sie wirklich voll empfunden hat. Moderne Psychologen stellen die kindliche Psyche oft als wildes, chaotisches Geschehen dar, doch Kinder können vieles schnell verdrängen oder – wie erwähnt – abspalten, solange es sich nicht um gravierend vitale Beschädigungen handelt. Diese Einsamkeit des Blicklichen, der Schau, des ‚*Strahlt*' am ruhig dahingleitenden Fluss deutete zwar an, dass die Fülle des Lebens nur vorläufig um den Preis einer Stille, Leere und Isoliertheit, zu haben ist. Auch solche Ausdrücke und Begriffe waren für Shayan dennoch gar nicht denkbar. Da existierte einfach nichts und niemand um ihn, nur ein paar vertrocknete Akazien fanden sich und ein paar Ring- und Silberdisteln sowie graugrünes Schilfgras und die besagten Reiher oder Vögel. Trotzdem macht die Dürftigkeit es aus, dass in der Meditation der schillerndste Überfluss auch schon in der Seele eines kleinen Jungen entstehen kann.

Je ärmer die Höhle des Eremiten, desto größer sein Reichtum an Ansehen und Geltung. Je schlichter sein Gehabe, desto üppiger fällt der Eindruck aus, den er auf andere macht. Dieses gegensätzlich Paradoxe ist in Indien auch heute noch überall zu erleben. Man denke nur an die Yogis, die jahrelang auf nur einem Bein stehen und dafür grenzenlos bewundert werden. Vielleicht war irgend so ein Bewusstsein für eine indische Besonderheit bei Shayan schon unterschwellig da. Seine Mutter ging fast jeden Tag mit ein paar Blumen aus dem Haus, um sie unter einen als heilig geltenden Baum zu legen. Im Wohnzimmer gab es einen kleinen Altar mit dem Elefantengott Ganesha, und zudem wusste Shayan auch, dass er in einem der größten Länder der Erde lebte, was ihm eine wie ferngesteuerte Beruhigung verschaffte.

Indien war immer schon ein in nationale Größe und in spirituelle Vereinzelungen geteiltes Land. Zweigeteilt also nicht nur wegen seiner enormen Differenzen zwischen arm und reich oder seiner ebenso enormen religiösen Spannungen, sondern auch wegen seiner Psychologie, indisch gesagt: der Vielschichtigkeit seiner Seele. Man findet da auf der einen Seite jene intellektuelle Oberflächlichkeit, von der manche sagen, es sei Fatalismus (was nur zum Teil stimmt), aber auch die Art von Kindlichkeit, wie sie in vielen indischen Filmen – produziert in Bollywood – zum Ausdruck kommt: Dem Bösen sieht man seine Verderbtheit schon an der Visage an, während der Gute ein kitschiger jugendlicher Schönling ist, ein affektierter Held. Schließlich gewinnt er auch immer die Schnulzenaktrice, die theatralisch seufzende, vollbusige Schickse, die immer von vielen mitfühlenden Mädchen umtanzt und umsungen wird.

Andererseits aber zeigt sich in Indien gerade bei den einfachsten Menschen oft jenes so echte, milde und aus tiefster Tiefe kommende indische Lächeln, dieses wortlose Du-zu-Du, das eine Übereinkunft gegenseitiger Freude und Zärtlichkeit, ja einfach einer universalen Gegenseitigkeit des von mir gerade erwähnten Masse-Mensch-Gefüges ausdrückt. Es handelt sich um das Lächeln einer Simplizität, die aus allen libidinösen Quellen des Körpers zusammenströmt, fast ohne selbst noch libidinös zu sein, indem es sich auf den Lippen ausbreitet, klanglos, klaglos, im Vorübergehen: Ich bin wie Du, auf der niedrigsten Stufe von etwas sehr, sehr Hohem, dem Höchsten. Diese niedrigste Stufe von etwas Allerhöchstem hatte schon Freud das Lust- oder Unlustprinzip genannt. Das Homöostase-Prinzip.

Es hat beispielsweise etwas mit der Lust des Blickens zu tun, mit der des Ausgleichs, Gleichmuts und der Homöostase des Zuviel-, Zuwenig- oder Nicht-Richtig-Sehens: mit der Erotik des spekularen Raumes, der Illusion des unermesslich Lust- und Schauervollen Imaginären, also mit diesem ‚Es *Strahlt*', in das bereits ein Minimum an ‚*Spricht*' hineinwirkt. Die Seele, das Psychische, das Unbewusste, haben beim Menschen eine nie dagewesene Höhe erreicht, aber nichts ist unangenehmer, als wenn diese Höhe zu stark, zu spannungsgeladen, zu lustvoll (oder unlustvoll) und zu vielsichtig wird, weil es voll von Spiegelbildern, von Träumen und unklaren oder zu bedeutsamen Blicken ist. Diese erste Ausdehnung des Psychischen ist also vom imaginären *Signifikanten* her bestimmt, und während man so narzisstisch die niedrigste Stufe des Höchsten anpeilend, recht aufwendig mit sich beschäftigt ist, kommt man nicht zum wahren Genießen.

Denn dies ist etwas anderes, wenn auch vielleicht Ähnliches wie der ‚sakrale Taumel', von dem mir Shayan während unserer Therapie bei dem Ethnologen M. Leiris erzählt hat, gelesen zu haben. Die Kindheitserfahrungen am Gangesufer bei der Kumbh Mela in Haridwar (1986) hätten für ihn etwas von diesem Numinosen des ‚sakralen Taumels' an sich gehabt, das das Schreckliche (das Unterste) mit dem Erhabenen (dem Obersten) verbindet. M. Leiris war von diesem Taumel, dem ‚Sacré', dem mehr geheimnisvollen, ja verbotenen Heiligen fasziniert gewesen. Ihm sei – wie H. J. Heinrichs erwähnt – zuzuschreiben, dass ‚die gesamte Aktivität des Torero, des Dichters oder des Liebhabers „auf den winzigen, aber tragischen Spalt, der das preisgibt, was in unserer Conditio unvollendet ist", gründet'.[6] Alle kreisen sie um dieses gefährlich-reizvolle Niedrig-Höchste, das eine Kluft ist, eine Nervenspannung.

Zu diesem Niedrig-Höchsten des ‚Sacré' passt eben auch, was man also in Indien ‚Spiritualität' nennt. Darunter ist am wenigsten eine nur orthodoxe, nur operationalisierende religiöse Verfasstheit zu nennen, ein ‚sacré droit', wie Leiris auch sagte. Ich selbst kann mit dem Begriff des ‚Spirituellen' nicht allzu viel anfangen, weshalb ich ihn auch in Anführungszeichen setze und auch eher Leiris zustimme, der es das ‚sacré gauche' nennt, das linke, linkische Heilige. Aber wenn ‚Spiritualität' bei jenem milden Lächeln anfängt, das nicht viel Kraft kostet, aber die Reibungen des Alltags so erträglich macht, wenn es um etwas geht, das das Gefühl einer Ohnmacht, einer Schwäche aus Kopf und Bauch in den Lippen zusammenströmen lässt und so mit der erotischen Kraft aus den Körper-Chakras in einen flüchtigen Sieg verwandelt, muss es

---

[6] Heinrichs, H. J., Der sakrale Taumel, ZEIT-online, 30.7.1982

auch in ethnologischen oder psychoanalytischen Begriffen ausdrückbar und gültig sein.

Ich denke, es steht dem primärsten Mischen von imaginärer und symbolischer Ordnung nahe, es ist eine – wie Freud sagte – Ur-Verdrängung. Denn, wie gesagt, das wahre Genießen kommt dadurch noch nicht ganz zustande, und das ist auch in der Psychoanalyse ein Problem. Es heißt allgemein, dass eine erste bedeutungsgeladene Erscheinung, „ein erster *Signifikant*, der denknotwendig vorhanden gewesen sein muss, auf ewig unbewusst ist",[7] ur-verdrängt ist, so als hätte eine Ur-Hexen-Mutter (fachlich gesagt: der *Signifikant*, der/das Bezeichnende, einer ursprünglich kastrierten Mutter) dem Kind einen maßlosen Schrecken eingejagt. Diese Kluft, diese Spaltung des Subjekts macht den Anfang des gesamtpsychischen Lebens aus. Indisch-yogisch ausgedrückt bedeutet dies, dass man so viel und so lange meditieren muss, bis man auch noch die obersten Chakras (psychophysische Körperzentren) transzendiert hat und weiter irgendwo hinauf muss, was abenteuerlich klingt.[8]

Oft war das Sitzen am Fluss für Shayan auch nur ein einfaches Selbstgespräch. Manchmal schwammen Blätter,

---

[7] Schneider - Harpprecht, U., Mit Symptomen leben, eine andere Perspektive der Psychoanalyse J. Lacans (2000) S. 141/42

[8] Hinsichtlich der Psychoanalyse werde ich das Problem des wahren Genießens, das der objektbezogenen Lust gegenübersteht, später diskutieren. Im indischen Yoga versucht man es durch Übersteigen der Körperzentren, in der Psychoanalyse durch Hinabsteigen in verdrängte Erinnerungen zu lösen.

Äste, ein Stück Papier, ein Wasservogel, eine Dose oder gar ein Tierkadaver in der Mitte der Strömung, und Shayan flüsterte sich und den Wellen dabei etwas zu. „Du wirst bis zum Meer kommen", murmelte er einem kleinen Baumstamm nach, der an ihm vorbeitrieb. „Vielleicht bleibst du aber auch vorher am Ufer stecken, nein, du kommst weiter, beeil dich." Das Monologisieren lernen schon kleinste Kinder, auch wenn sie noch gar nicht sprechen können. Zu Hause, abends im Bett, stammeln sie irgendetwas vor sich hin, und wenn jemand zur Türe hereinkommt, verstummen sie sofort. Da soll niemand dabei sein, das Einlullen, Hin- und Herräumen ist wie das Vorbeiströmen eines Flusses ein privates Spiel, eine kindliche Meditation. Auch hier ist man der Niedrige, der am Höchsten teilhat.

Trotzdem dominiert hier noch das ‚*Strahlt*' und nicht das ‚*Spricht*' (beides ohne Es verkürzt ausgedrückt). Das Sprechen ist noch naiv, traumhaft, spielerisch und nicht das der Ketten wahrer Bedeutungskörper, kraftvoller *Signifikanten*. So schließt auch ‚Spiritualität' meist jene oft zu naive Gläubigkeit ein, die eine „ozeanische" Tiefe im Gefühlsleben zu erreichen vermag, eine Beseeltheit, der Freud zu Recht große Skepsis entgegenbrachte.[9] Spätes-

---

[9] Es geht um die Diskussion, die Freud mit Romain Rolland führte, als dieser von einem Besuch bei Vivekananda aus Indien zurückkam. Rolland betonte das ‚Ozeanische' der Katharsis, die überschäumende Selbstsublimation, die er beim Yoga Vivekanandas erfahren hatte. Aber Freud winkte ab, er wollte die gesicherte Wissenschaft der Seele und keinen kindlichen Größenrausch (zur

tens hier, natürlich (wir Abendländer sagen „natürlich" statt ‚spirituell'), beginnt es sich zu zeigen, dass die westliche Wissenschaft notwendig ist, wenn sie ein Unbewusstes definiert, indem sie sagt, dass es „strukturiert ist wie eine Sprache, w i e die Sprache des *Anderen*". W i e: Es geht nur um ein Wie, es ist keine übliche Sprache, sondern eben die der *Signifikantenketten*, der Kombination der Triebe und ihrer Steuerung. Das/der *Andere* ist ein sprechendes Nichts, ein sprechender Niemand, ein reines Es, das Freudsche Es, das *Spricht*.

Einmal hatte Shayan ein Missbrauchserlebnis, wenn auch eines der harmloseren Art. Ein älterer Mann, der häufig an dem besagten Fluss spazieren ging, suchte Kontakt zu Shayan, tätschelte und umarmte ihn in einer Weise, die Shayan recht unangenehm war, aber er traute sich nicht, etwas dagegen zu sagen oder zu unternehmen. Man muss diese Passivität als die Schattenseite des Respekts vor dem Alter und als Ausdruck der jugendlichen Unerfahrenheit und Unsicherheit deuten, denn viele Jahre später schämte Shayan sich dafür, bei diesen Annäherungen mehr oder weniger mitgemacht zu haben. Stets ist es der Selbstvorwurf, sich gegen zu weitgehende Intimitäten nicht gewehrt zu haben, der quält und genauso kränkend ist wie der Missbrauch selbst. Dazu können vor allem viele Frauen etwas sagen.

Selbstsublimation werde ich später noch Ausführliches beitragen).

Die „ozeanischen" Gefühle suggerieren die Eins eines universalen Genießens, in das sich Shayan Amand vielleicht in vordergründiger Form zu verstricken drohte, wenn er diese malerische und doch leere, diese stimmungsvolle und doch monotone Umwelt in sich aufsog, um mit ihrer roten Sonne nach oben zu fliegen, um dann von einem einsamen, alten, nach Nähe süchtigen Mann in die schäbige Realität der Menschen heruntergeholt zu werden. Wie erwähnt sprachen die Sonne und auch die wunderbaren Wasser des Ganges nur allegorisch zu ihm und würden auch nie wirklich zu ihm sprechen. Das Unbewusste dagegen ‚*Spricht*' genauso wie das der obersten Chakras (‚spirituelle' Körperzentren), wenn auch in einem fremden Jargon, in den schwer verständlichen Zeichen einer ‚Tiefensprache' oder in Symptomen wie dem der Hilflosigkeit und Scham zum Beispiel. Es ‚*Spricht*' so anders, dass man den Kern des Unbewussten eben die Sprache des *Anderen* genannt hat. Des unbewusst *Anderen* in jedem Menschen, was ich auch eine Kombination des ‚*Strahlt*' und ‚*Spricht*' in einer primären Form nenne. Denn Nichts und Niemand ist dennoch ein ‚Strahlen', das eben ‚Sprechen' kann, über das Shayan noch nicht verfügte und mit dem er sich noch nicht verteidigen konnte.

Dieses, dieser *Andere* bestand bei Shayan in der Verinnerlichung seines Babu, seiner Mutter, der Natur, seines Freundes Arun und noch vieler weiterer mehr. Verinnerlicht ergeben sie alle zusammen das, was ihn nachts von einem Tiger, einem Heiligen, einem Dickicht aus Ginsterbüschen, Schilf und Banyanbäumen, einem fremden Kathakalitänzer oder einem bösen Flussgeist träumen ließ. Shayan vermied es an die erwähnte Stelle am Fluss zu gehen, wo er den alten Mann zwei-, dreimal getroffen hatte, und suchte sich einen anderen Platz. Trotzdem waren in Shayans Seele das Helle und das Dunkle, das Aggressive und das Erotische, Tod und Lust weiterhin da. Ein Bad im Ganges hatte sich Shayan nie zugetraut, wie er mir später erzählte. Da gab es eine unergründliche Angst. Wovor, vor wem? Im dunklen amourösen Untergrund des Flusses schwammen nicht nur ein Baumstamm und ein Tierkadaver mit hinunter, sondern bereits auch das eigene Fremde, flossen auch nach ihm greifende, knöchrige Hände oder Bilder der frühen Mutter mit hinab, die wie Kali oder Durga, Göttinnen der Finsternis waren, die ihre eigenen Kinder fressen.[10]

Was Shayan an den Fluss trieb, war also vielleicht nur eine Flucht vor all dem, das er nicht verstand. Die Familie, die er noch gar nicht als den Zusammenschluss von missmutigem Vater, überforderter Mutter und seinen planlosen Geschwistern hätte bezeichnen können, indem sie ihm zwar alle keinen großen Halt boten, aber irgendwie doch existenziell für ihn da waren, beständig, kohärent, rein pragmatisch. Babus scheinbare Stärke, seine physische und geistige Besonderheit, seine fast wie krankhaft glänzenden Augen, versprachen ihm Hoff-

---

[10] Ich erinnere nochmals an Fußnote 2, wo ich die aus den frühesten Identifizierungsmodi stammende Aggressivität erwähnt habe. Man kann sich nicht in toto mit allem, was man wahrnimmt, identifizieren. Der verdrängte, abgespaltene Teil bleibt immer ein Widersacher.

nung, Zukunft und offenbar zuverlässige Visionen, aber eben nur das. Auch ihm konnte er nicht viel von sich und seinen Gedanken erzählen. Die tödlichen Traumen der Kindheit sind da, und die kindliche Lebendigkeit muss sie überspielen.

Mit seinem wackeligen, alten und rostigen Fahrrad radelte Shayan später fast jeden Tag an eine verwunschene Stelle, an der der Ganges sich in mehrere Arme aufzweigt, bevor er weiter zur Schule nach Haridwar fuhr. Dort traf er dann seine Freunde, und nach dem Unterricht spielten sie auf einem leergelassenen Gelände Fußball. So sehr ja Cricket ein Traum von ihm gewesen war, wandte die Jugend und auch er sich zunehmend dem weniger eleganten, aber dafür direkteren, aggressiveren Fußball zu. Mit seinem Freund Arun blödelten sie dann noch eine Weile herum oder versuchten am Markt eine Papaya zu klauen oder in einem dieser nach außen offenen, kleinen und völlig überstapelten Bücherläden in ein paar Schmöker zu schauen.

Indische Jungs werden bis zum vierten-fünften Lebensjahr irrsinnig verwöhnt. Man hält die Kinder bis zu diesem Alter für besonders ‚rein' und sagt, dass die Götter in ihnen wohnen. Dass dies besonders für das männliche Kind gilt, mag für uns im Westen befremdlich klingen, aber es findet sich durchaus eine Parallelität bei uns. Die Freudschen Geschlechts-Theorien, denen zufolge Jungen und Mädchen in eben diesem Alter eine sogenannte ‚phallische Phase' ihrer Entwicklung durchlaufen, scheinen genauso eine Bevorzugung des Männlichen zu beinhalten. Das Wort ‚phallisch' bezieht sich nämlich auf den *Signifikanten* einer mehr am Männlichen orientierten Kraft, Aktivität, Turgeszenz, Wichtigtuerei und Potenz.[11] Dieser *Signifikant* gilt aber für beide Geschlechter gleichermaßen, was eben zeigt, dass er nicht von der Anatomie abhängig ist, auch wenn Freud – Napoleon zitierend – einmal sagte: ‚Anatomie ist Schicksal'. Sie ist dies wohl nur zum Teil und vielmehr von menschlichen, unbewussten und nicht ganz vorurteilsfreien Regeln dominiert. Das Sexuelle, das sich hier anbahnt, ist eine Art aggressiver Form der Liebe.

Überhaupt sind Kinder in Indien bedeutungsvoll, denn nur dadurch hat man Ansehen, und in den ländlichen Regionen stellen sie auch eine bedeutende Arbeitskraft dar. Nach der frühen Kindheit aber herrscht umso mehr ein strenges und leistungsbezogenes Regime über sie. Eine enorm traditionalistische Gesellschaft wacht darüber, dass Kinder hauptsächlich die patristisch geordnete Hierarchie zu lernen haben. Dabei hatte Shayan noch Glück. Er entstammte zwar nicht einer Brahmanenfamilie, wie es Hermann Hesse seinem Siddhartha zukommen ließ – woran ich schon wegen meines Buchtitels noch ausführlich zurückkommen werde –, sondern einer kaufmännischen Mittelschicht, und dies zudem in der Nähe einer Großstadt wie Haridwar, wo sich größere schulische und soziale Möglichkeiten fanden, gar nicht zu reden von der erwähnten Bedeutung Haridwars als hindu-

---

[11] Freud, S., GW, Bd. XIII, S. 293-298

istischer Pilgerstätte mit der größten Kumbh Mela Indiens.

Shayans Familie gehörte also in etwa dem mittleren Drittel der indischen Gesellschaft an. Shayan hatte noch eine jüngere Schwester, Lani, und einen noch jüngeren Bruder, Tarik. Vor allem aber war sein Freund Arun für ihn wichtig, der im gleichen Ort wohnte, aber mit dem Bus zur Schule fuhr. So konnte Shayan seine Meditationen machen, ohne dass Arun davon wusste. Denn irgendwie war es Shayan unangenehm, selbst seinem besten Freund davon zu erzählen. Irgendwie war das eine Sache zwischen Babu und ihm, ein Faszinosum zwischen dem Jungen und dem ganz Großen, ein Generationengeheimnis oder auch nur eine kuriose Idee. Schließlich war Babu jemand, der zwar wie das unbedeutende und auch schon physisch faltig-knöcherige Hausfaktotum wirkte, in Wirklichkeit aber der enigmatische Mittelpunkt der Familie war. Keiner wusste das so genau.

So sehr die indischen Jungs also zu übermäßigem Respekt und Ehrfurcht vor dem Alter erzogen wurden, so sehr war Shayans Beziehung zu Babu davon nicht nachteilig betroffen. Babu erwartete keine Reverenzen, und Shayan mochte ihn einfach. Gegenüber allen anderen Respektpersonen, Lehrern und vorwiegend gegenüber Priestern und religiösen Buchgelehrten empfanden Shayan und Arun, als sie älter wurden, jedoch nur Spott und Häme. Vor langem hatten sie sich einmal hinter einem Gebüsch die Hosen heruntergezogen, hatten sich unter Kichern und Kreischen dreimal um die eigene Achse gedreht, die Hosen wieder hochgezogen und waren dann davongelaufen. Ein Exhibitionismus à deux, den sonst niemand sehen sollte, aber er galt dennoch all denen, die nur Regeln, Gesetze und Vorschriften erließen und diese auch noch mit Gewalt durchsetzen wollten. Und es befreite auch von alten Traumata.

Einmal allerdings wären Arun und Shayan fast von der Schule geflogen. Arun hatte einer vor ihm in der Schule sitzenden Schülerin eine kleine Blindschleiche von hinten in die Bluse gesteckt, grauenvoll. Die Schülerin sprang schreiend auf, riss sich die Bluse vom Leib, was bei allen Jungs zu pöbelhaftem Lachen führte. Shayan wurde als Mittäter identifiziert und so bekamen beide harte Strafen. Nur der Einspruch eines Lehrers, der beide wegen ihrer guten Leistungen in seinem Fach schätzte, konnte verhindern, dass man sie von der Schule verwies. Shayan bereute dies alles zutiefst, gab aber seine Mitschuld zu, da er den ‚blindworm' wie man das Tier mit englischem Namen in Indien nennt, selbst gefangen und zu Arun gebracht hatte.

Er geisterte danach tagelang in Haridwars verwaschenen Straßen herum, die man vielleicht besser die malerisch verschmutzten Gassen nennen würde. Denn überall lag etwas herum: abgestorbene Blätter oder ganze Pflanzen, Abfall, Verpackungen, Unrat, Hunde und Menschen. So ein Weg durch eine indische Stadt lud ideal zu sozial- und umweltkritischen Betrachtungen ein, aber auch zu Shayans Zerknirschung. Warum hatte er sich nur so sehr auf Aruns Idee eingelassen, warum immer diese defensiven Verpflichtungen gegenüber dem Freund? Man durfte ihm nichts sagen, was wehtun konnte. Ein Freund war wichtig, fast das Entscheidendste im Leben, aber umso schlimmer waren die Missverständnisse, die verborgenen Rivalitäten, die Unklarheiten über das Wesen der Beziehung. Manchmal waren die Freunde selbst in Gedanken eins, doch dann wieder gab es schreckliche Irrtümer, von denen aber erneut nicht gesprochen wurde. Nach zwei Wochen war die Sache mit dem ‚blindworm' vergessen, die übliche Lösung des zwischenmenschlichen Mit- und Gegeneinanders.

Nur ganz gelegentlich schwänzten Shayan und Arun die Schule. Lange Zeit hatten sie vorher geübt, die Unterschriften ihrer Eltern nachzumachen, um ein Krankheitsattest vorlegen zu können. Dann trafen sie sich in einem der eleganteren Viertel von Haridwar, um sich die tollen Moped- und Motorradgeschäfte anzuschauen, wo sie auch schon mal mit einer kleinen Vespa eine Runde drehen durften. Dann gingen sie zu den Ghats am Fluss hinunter, wo sich ein wahres Völkergemisch aus Sadhus, Fakiren, Bodybildern, Touristen, Andenkenverkäufern und Tagelöhnern herumtrieb. Sie machten sich lustig über die Verrenkungen der Yogis, kauften sich ein paar Süßigkeiten und vertrieben die streunenden Hunde.

Als ein alter Mann sie beschimpfte, tat Arun so, als hebe er einen Stein vom Boden auf, und tat eine Schleuderbewegung mit diesem irrealen Gegenstand in Richtung auf den Alten, der dann freilich von keinem Stein getroffen wurde, aber glaubte, einen gesehen zu haben, und dadurch außer sich geriet und gleich die Polizei zu Hilfe rufen wollte. Lachend machten sich Shayan und Arun wieder aus dem Staub und flohen in eine Seitenstraße. Doch eines Tages fiel auf, dass sie sich immer zur gleichen Zeit krankmeldeten, und der Spaß mit dem Schulschwänzen war vorbei, diesmal glücklicherweise ohne große Konsequenzen. So ließen sie sich nicht abhalten, wenigstens weitere Streiche zu planen, und ließen sich nicht irremachen, dass all dies die beste Vorbeugung gegen spätere neurotische Leiden ist – so schreibe ich dies heute. Denn, wie gesagt, benötigte Shayan später doch eine Psychotherapie, weil wohl das urwüchsigste jugendliche Treiben die tiefen Wunden nicht heilen kann. Eine Kindheit in Indien verläuft nicht anders als bei uns, und doch gibt es wichtige Verschiedenheiten, wie sich gleich, beispielsweise am Phänomen der Kinderheirat, zeigen lässt.

2. Kinderheirat und der Taumel des Sakralen

‚Sakraler Taumel' hin und her, schon M. Leiris hat mit diesem, mit seinem von mir erwähnten ‚Sacré', das auch eine gewisse Selbstaufopferung einschloss, wohl etwas übertrieben. Ein Marktplatz in einem afrikanischen Dorf, die Tiere, die Begegnung mit den schwarzen Menschen, die dunklen Frauen, die trocken-heiße Landschaft des Sahels, Tontöpfe, Trommeln und rituelle Schlachtungen lösten – seinen Beschreibungen nach – in ihm diesen Taumel aus, von dem er behauptete, dass er ihn auch in seiner Literatur wiederholte. Das gelang jedoch gar nicht so oft. Und so muss man in der Pubertät die Kindheitserfahrungen im ‚Sacré' des Sexuellen wiederholen, was ebenfalls oft misslingt. Mit Shayans Pubertät wurden die Dinge nämlich komplizierter, als sie es im reinen Hell und Dunkel der Kindheit gewesen waren.

Zuerst wollte Shayan, der noch vor zwei, drei Jahren so begeistert am Fußballplatz, der nur aus einem trocken-staubigen Lehmboden bestand, herumtollte, nichts mehr von diesen Leidenschaften wissen. Fußball war ihm zu kindisch, zu albern, zu wenig anspruchsvoll und zu wenig ernsthaft geworden. Sodann wurde die Beziehung zu Arun schwieriger, denn während dieser begann, den Mädchen nachzuschauen und versuchte, in jugendverbotene Filme zu gelangen, die in den heruntergekommenen Kinos in Haridwar gespielt wurden, schlenderte Shayan planlos herum. Einmal hatten Arun und er ein Comic-Heft gefunden, in dem es um Pornographie ging. Sie schauten sich das Ganze gierig an, aber dann warfen sie das Heft auf einen Abfallhaufen und zündeten es an. Nie mehr sprachen sie davon, es war ihnen zu ungeheuerlich geworden. Aber auch etwas in ihnen selbst wurde ihnen unheimlich.

Im Unbewussten hatte es rumort. So etwas geht nicht spurlos vorüber. Eine schreckliche Neugier ist geweckt, deren Wirken man nicht einordnen kann. Und vor allem: Man kann wiederum mit niemandem darüber sprechen. Nicht einmal die Freunde untereinander konnten und wollten sich diesbezüglich verständigen. Noch ein weiteres Problem war in dieser Zeit bewusst geworden, oder waren es nur in sich widersprechende Gefühle und gegensätzliche Bilder? Schon mit sieben Jahren hatte die Familie ihn mit einem Mädchen, Ranja mit Namen, aus einer anderen Familie verheiratet, wie es in Indien meist noch üblich ist. Auch wenn Shayan Ranja nur kurz bei einer formlosen Zeremonie gesehen hatte und der Alltag danach wie üblich weiterging, der Bedeutungsknoten, der *Signifikant* aus dem tödlichen Ernst des Lebens, aus dem unheimlichen Eros und der Familie, bohrte und raunte mit Beginn der Pubertät nunmehr verstärkt in ihm und seinem Unbewussten. Wie sollte man dies alles auch in eine geordnete Reihe kriegen! Diese Last uralter Regeln und dieser Stachel eines unfassbaren und doch auch unabweisbaren Begehrens!

So etwas war selbst mit Babu unmöglich zu besprechen. Kaum je ein Kind kann die ganz kruden, teuflisch-verflixten Dinge mit den Eltern oder sonst jemandem bereden. Mit sich selbst bleibt man lange allein, vielleicht das ganze Leben, wenn man nicht einen Lebenspartner, einen reiferen Freund oder einen Therapeuten findet, dem man auch das Peinlichste und Unsinnigste erzählen kann. Freilich kann auch ein Erlebnis, eine Begegnung, ein außergewöhnliches Buch zur Selbstanalyse anregen, und dann beichtet man sich alles, rechnet man mit sich selbst ab und findet ein Wort, einen Begriff, der die eigene Identität neu zu ordnen vermag. Oder auch nur daran erinnert.

Später sah Shayan ebenso den Mädchen auf der Straße nach, wenn auch verstohlen und nicht so offenkundig, wie Arun ihnen gegenüber sein Interesse oder gar ein Begehren signalisierte. Doch manchmal war auch Ranja wieder in seinem Inneren zu sehen, rätselhaft. Oder ging es gar nicht um dieses Geschöpf starrer gesellschaftlicher und konventioneller Verbindung, ging es nicht vielleicht überhaupt nur um beginnend Sexuelles, Phallisches eben, das die libidinöse Führung in der Pubertät übernimmt? Wo kommt der erotische *Signifikant* auf einmal her? Ich habe meine Vermutungen schon geäußert, dass er nicht nur von der Anatomie und den Hormonen herstammt. Doch Shayan besaß überhaupt kein Rüstzeug, kein Wissen, wie man dies alles hätte ausdrücken und handhaben können.

Ich wechsle absichtlich zwischen psychoanalytischen Theorien und der Praxis der Gefühle, die in Shayan zu drängen begannen, hin und her. Damit will ich den Zwischenraum provozieren, der auch in der Therapie eine so große Rolle spielt, der Übertragungsraum, in dem beispielsweise der Patient in der Analyse Bedeutungen aus verschiedenen Beziehungen auf den Therapeuten ‚überträgt', weil er ihm Wissen unterstellt. Diese Bewegung der Übertragung und der Unterstellung zeigt die gleiche korrelierende Art, wie die des Untersten vom Alleroberten in der indischen ‚Spiritualität', die wohl auch einem erhabenen Edlen im schmutzig Niedrigsten korreliert. Die Menschen interagieren und kommunizieren meist so ungeschickt und falsch, verwenden die Bedeutungskörper so fehlerhaft und ungenau, sodass dieser Zwischenraum als eine Kluft, eine Leerstelle offen bleibt, in die sich das Sexuelle genauso wie der Tod einschleichen und die Macht an sich reißen kann.

Ganz im Gegensatz zur allgemeinen Meinung, dass Freud den Eros befreit hat, stellt dieser vielmehr den *Signifikanten* eines Mangels, einer Kluft, eines ständigen Misslingens dar. Der Sexualakt, meint Lacan, ist somit eine Freud'sche Fehlleistung, also ein Danebengehen, ein erniedrigenden Patzer. Das Geschlechtsverhältnis ist so insignifikant, dass man sagen muss, es existiert gar nicht. Es lässt sich nicht logisch sagen, nicht definitiv schreiben, es beinhaltet keine psychische Wahrheit. Aber der Kette der erotischen *Signifikanten* kann man trotzdem nicht entkommen, denn sie wirkt überall und vorwiegend im Unbewussten – wie ein *Andere(r)(s)* eben, wie ein Fremdes, wie ein sprechender Schatten. Irgendetwas von der beginnenden Pubertät mag Shayan also schon gespürt haben, auch wenn er nichts davon denken und verbindlich artikulieren konnte.

Ich darf es so sagen, schließlich ist er ja dreißig Jahre später zu mir in analytische Psychotherapie gekommen, in der diese Zeiten und Phasen eine wichtige Rolle spielten. Würde ich einen indischen Roman schreiben, dann müsste ich freilich davon erzählen, wie kindisch und oft geradezu läppisch sich die jungen Männer in Indien meist noch lange nach der Pubertät verhalten. Sie haben nie mit Mädchen Kontakt gehabt, in den Schulen gibt es Geschlechtertrennung und auch sonst, auf Festen oder Veranstaltungen sitzen links die Frauen und rechts die Männer. Sich in der Öffentlichkeit umarmen und küssen ist total verboten. Ich müsste Shayans Verklemmungen als rein soziales Unverständnis, mangelndes Vertrauen in die Eltern und Traditionen, ja, als Besessenheit von einem unguten Tempel-Dämon darstellen. In Kalitempeln gibt es noch blutrünstige, dämonische Rituale, und so besteht ein großer Reiz gerade darin, das seelische Erleben eines Probanden der östlichen Welt aus dessen Sicht heraus zu schildern, seine Schilderung aber dann mit einer westlichen Wissenschaft zu konfrontieren, ist fast unmöglich.

Ich habe auf M. Leiris und seine Ethnologie hingewiesen, weil Shayan sein Buch kannte, das so starke Begriffe wie das wild Religiöse hervorgebracht und den sakralen Taumel so intensiv beschrieben hat. Aber man hat immer diskutiert, ob dies mehr Autobiographie oder Wissenschaft ist, wenn auch Leiris' Beschreibung, wie er eine Afrikanerin in Trance gesehen hat, ‚wobei sie den Kopf in kreisende Bewegung versetzte und den Oberkörper wie ein Pendel hin und her schlug', wie sie ‚mit tieferer Stimme als gewöhnlich' etwas deklamierte, mehr als anschaulich ist und an die eben genannten Rituale erinnert. Doch es geht weiter: „Ich habe sie das Blut trinken sehen, ich habe sie sogar thronen sehen, das Bauchfell und das Gedärm des Schafes um ihre Stirn geschlungen . . bis in den Nacken herabhängend – als stolzer Helmschweif und zarter Schleier im Halbschatten spiegelnd mit einem leise bläulichen Glanz . . . Noch nie hatte ich dermaßen empfunden, wie sehr ich religiös bin", schreibt Leiris.[12] Aber ging es hier nicht mehr um Pubertätsrituale, Initiationsriten, Pseudodramatik?

Gerade in so einem Fall wie Shayan, der übrigens auch einmal – ich habe es schon erwähnt – bei der Kumbh Mela 1986 rituelle Tierschlachtungen erlebt hatte, geht es mir hier um gesicherte Wissenschaft. Leiris hat sich ein bisschen am Perversen ergötzt, er wollte den sadomasochistischen Kult der Ethnien zur Grusel-Religion erheben, von der zu wissen freilich notwendig ist. Wissen muss man davon schon, aber eher deswegen, weil die Nähe des Sexuellen zum blutigen Ritual dann in eine Liebeskunst münden könnte, die dem schaurigen Ritual die Krone des amourösen Spiels aufsetzen kann. Shayan träumte doch davon, als Held die Geliebte vor dem geilen Bösen zu retten. Er war doch bis ins Mark hinein indisch-traditionalistisch aufgewachsen.

Und so war eine Zeit lang später in Shayan die nicht einmal auf einem Papier, aber umso prägnanter durch familiäre Bande und Rituale zementierte Verbindung zu

---

[12] Leiris, M., Phantom Afrika, suhrkamp (1985) S. 196

Ranja als Problem aufgetaucht. Shayan ist tatsächlich in der Pubertät in eine ernsthaftere erste Krise geraten, da in ihm stärker und stärker das Gefühl aufkam, dass er Ranja eigentlich gar nicht heiraten wollte. Zunehmend war ihm bewusst geworden, was diese von der Familie bestimmte Verbindung bedeutete. Denn Ranja, das zugesprochene Mädchen, gefiel ihm nicht nur äußerlich wenig, er spürte auch, dass er durch sie innerhalb noch alter gesellschaftlicher Schichten (Kasten) in Indien auf ewig gebunden und fixiert bleiben musste. Die Eltern dieser Braut waren nämlich starr konservative Leute, die zwar in der gleichen Kaste angesiedelt waren wie die Amands, aber noch zwanghafter und rigider strukturiert waren als Shayans eigene Eltern. Doch einer der Hauptgründe bestand auch darin, dass er so ungebunden und frei wie Arun sein wollte. Arun war nämlich nicht durch ein derartiges Heiratsritual in der Kindheit verpflichtet worden, seine Eltern gehörten einer anderen, mehr neohinduistischen Religionsgruppe an, bei der Kinderheirat nicht mehr üblich war.

Vorerst konnte Shayan jedoch seinen Eltern nicht seine zunehmende Entschlossenheit, das Heiratsgelöbnis zu annullieren, mitteilen. Er wusste zu genau, dass dies nur einen Riesenaufstand gegeben hätte, demgegenüber er machtlos gewesen wäre. Ohnehin musste er nicht damit rechnen, dass die wirkliche Verbindung vor Abschluss seiner schulischen und evtl. weiteren Ausbildung geschlossen würde. Trotzdem blieb der Gedanke daran ein ständiger Quälgeist in ihm. Er stürzte sich ins Lernen und hörte eines Tages gänzlich auf zu meditieren. Er fing nun an, viel zu lesen: Bücher, die nicht nur in Indien üblich, sondern auch bei uns im Westen damals en vogue waren. Dazu gehörten beispielsweise Sri Aurobindos ‚Der Integrale Yoga' oder das Epos ‚Savitri', in denen der Autor vom ‚überrationalen Guten, Schönen und Wahren' sprach. Auch Aurobindos Begriffe wie das ‚supramentale Bewusstsein' und Ähnliches waren rein mythische Versuche einer grenzenlosen Überhöhung aller körperlich-geistigen Bezüge, die Shayan jetzt mehr interessierten, als die praktischen Übungen, denen er an den Ufern des Ganges nachgegangen war.

Etwa gleichzeitig mit Aurobindos Büchern waren auch Werke von Paul Brunton, einem englischen Indien- und Meditationsfreak, erschienen, und auch Yoganandas ‚Autobiographie eines Yogis', die sogar Thomas Mann zur Be- und auch Verwunderung bezüglich der ‚Indischen Geistigkeit' anregte. Shayans Leselust fielen auch Mircea Eliades Buch ‚Yoga, Unsterblichkeit und Freiheit' und die Werke Jiddu Krishnamurtis sowie theosophische Literatur zum Opfer. Mehr muss man dazu nicht sagen, denn die Bibliotheken mit Literatur, die auf ständigen Wiederholungen ‚spiritueller' Überbauten beruhen, sind heute noch größer geworden als sie damals schon waren. Aber Shayan haben sie mitgeprägt. Er las sich durch alles, was man in größeren Bibliotheken Haridwars bekommen oder was er von seinem Taschengeld kaufen konnte. Einige westliche Bücher wie den zitierten M. Leiris las er erst später.

Wie ich schon verraten habe, gelang es Shayan erst nach

sehr langer Zeit, an tiefere (oder höhere – egal, wie man es nennen will) Erkenntnisse im Zusammenhang mit dem Meditieren zu gelangen. Und wie ich gleich im nächsten Kapitel zeigen will, benötigt man dazu im Yoga einen festen Zugang zum Wesen des Meditationslehrers im eigenen Inneren. Der Yoga-Übende muss die Nähe des Gurus selbst dann, wenn dieser gar nicht da ist, so stark erfahren, dass er – so ähnlich wie es Shayan mit dem Fluss und der Sonne erfuhr – Verschmelzungserlebnisse mit dem Guru selbst haben und so eins mit ihm sein kann. Für uns im Westen ist dies ein seltsames Erleben und ein ebenso eigenartiges Genießen dieses Vorgangs. Verschmelzung klingt eher nach einer perversen Lust als nach einer geistigen Erhebung. Schon in Angelus Silesius' ‚Cherubinischem Wandersmann' klang die Schilderung eines Verschmelzens mit dem Auge Gottes nach einem deviant erotischen Akt, sollte aber wohl auch eine Form eines selbstsublimierten ‚Genießens' sein.[13]

Allerdings kommt auch im gesamten Werk Freuds das Wort ‚Genießen' nicht vor. Er spricht stets nur von Befriedigung und hatte den Verdacht, dass hinter dem ‚Genießen' infantile Phantasien oder überhöhte Regungen stehen. So nennt er auch einmal den Kunstgenuss eine

---

[13] Unter Sublimierung ist eine Verfeinerung, Erhöhung, Vergeistigung zu verstehen. Von den Philosophen wird diesbezüglich oft von Selbstoptimierung gesprochen. Dies klingt jedoch nach idealmechanischer Anpassung, nach einem perfekten Ich. Die Selbstsublimierung, um die es hier geht, ist eine Liebe zur Transzendenz, zum *Anderen* und Fremden in sich selbst.

Ersatzbefriedigung. Für ihn steht der Mechanismus des Triebs und der Lust im Vordergrund. Dagegen verwendet Lacan, der sich als exakter Freudianer versteht, fast ausschließlich den Begriff der ‚Jouissance', der ‚Genießen' und auch Freude und Behagen bedeutet. So glaube ich, dass mit meiner Formulierung verschiedener Kombinationen des ‚*Strahlt*' mit dem ‚*Spricht*' eine ideale Verbindung zwischen den beiden Begriffen, Genießen und Lust, gefunden ist. Man hat damit ein einfaches Konzept der Grund-Triebe, Prinzipien oder Grund-Kräfte in der Hand, mit dem sich in allen Bereichen gut arbeiten lässt. So ist nicht nur der/das unbewusst *Andere* als Begehrendes, sondern auch die Sublimation (Verfeinerung, Erhöhung) als Genießendes eine Kombination dieser Prinzipien.

Shayan hatte Ranja als er vierzehn war, noch einmal ganz kurz wiedergesehen. Sie wirkte unbeholfen und extrem schüchtern auf ihn. Trotzdem war eine sanfte Mischung, von mitleidigen und zugewandten Gefühlen in ihm aufgetaucht, geschwisterliche und doch auch fremdartige Empfindungen. Als jedoch die Freunde seinen Blick auf Ranja bemerkten, spotteten und lachten sie über Shayan, der alle Mühe hatte, diese Empfindungen wegzuschieben und die Situation zu entkrampfen. Dennoch – und so ist das wohl bei den noch ganz unreifen Jungen häufig der Fall – hatte Shayan danach keine positive Erinnerung mehr an diese erste und vorerst letzte Begegnung. Er wollte auf keinen Fall der aus Liebe schwach gewordene Junge sein, niemals sollte ihn jemand später mit derartigen warmherzigen Gefühlen ertappen, ganz egal wie und warum. Nein, Ranja würde er nicht heiraten.

So traute er sich nun auch, es den Eltern zu sagen. Wie vorausgesagt gab es einen heftigen Streit und eine strikte Weigerung der Familie, die einmal geschlossene Verbindung wieder aufzulösen. Shayan versuchte trotzig zu bleiben und trug sein Vorhaben alle paar Wochen erneut der Familie vor, was mich wiederum sehr intensiv an Hesses Buch ‚Siddhartha' erinnerte. Der junge Brahmanen Sohn verlangte nämlich genauso hartnäckig von seinem Vater, dass er ihn mit den Samanas, den im Wald Yoga treibenden Asketen, in die Weite hinausziehen lassen sollte. Doch der Vater lehnte dies ab. Auch er war den rigiden Konventionen verhaftet geblieben, und so entwickelte sich ein sturer Vater/Sohn-Konflikt.

Denn Siddhartha blieb stur und konstant an der Stelle stehen, wo er mit seinem Vater gesprochen hatte. Als dieser nach ein paar Stunden wieder nach ihm sah, stand Siddhartha immer noch da. Auf die Frage des Vaters, warum er immer noch in dieser Haltung verharre, entgegnete Siddhartha nur: „Du weißt es." Der Vater ging, kam wieder, ging wieder, kam erneut. Eine ganze Nacht ging dies so und keine Drohung des Vaters konnte die Absicht seines eisern dastehenden Sohnes ändern, also ließ er ihn schließlich gehen. Doch so einfach war die Situation bei Shayan nicht. Die Eltern blieben konsequent bei ihrer Meinung, auch wenn Shayan standhaft die Sprache immer wieder darauf brachte, dass er die versprochene Ehe gern aufgelöst sähe und sich nicht damit abfinden würde.

Ganz klar und – im differenzierteren Sinne – bewusst war Shayan damals seine Weigerung aber selbst nicht. So gestand er es mir jedenfalls später, als ihm recht dramatische Erinnerungen zu der ganzen Geschichte kamen. Freilich war ihm die Situation mit Arun bewusst, den er als Freund in keinem Fall verlieren und mit dem er auch gleichziehen wollte, was Freiheit und Ungebundenheit anging. Wahrscheinlich hätte er jedoch aus der solchermaßen gewonnenen Freiheit gar nichts gemacht. Niemals wäre er mit Arun zu den Plätzen in der Nähe des Ganges in Haridwar gegangen, wo sich die Jugend traf und man relativ ungezwungen Kontakt zu Mädchen, aber auch zu den älteren Jungs, die alle Tricks des Anbandelns kannten, haben konnte. Irgendetwas blieb in ihm gehemmt und blockiert, was ihn schrecklich trotzig erscheinen ließ.

Dabei war Shayan nicht grundsätzlich schüchtern, aber ihm genügte das Niedrigste vom Allerhöchsten, wenn ich das noch einmal so sagen darf, ohne es ironisch zu meinen. Shayan war ein Zauderer, einer der dem Zögern nachgab und lieber erst einmal lange Zeit zusah, was die anderen trieben. Letztendlich konnte man dann ja sehen, ob man es auch so tun würde oder lieber nicht. Das änderte sich auch nicht, als sich Arun tatsächlich mit einem Mädchen aus der Stadt angefreundet hatte. Schließlich blieb diese freundschaftliche Beziehung Aruns mit dem anderen Geschlecht noch lange unverbindlich und sah nur nach außen hin so aus, als sei es jetzt eine Liebesaffäre nach westlichem Zuschnitt. Shayan hatte dennoch das Gefühl, dass er sich nichts anmerken lassen wollte und dass ihm sein Freund verloren gegangen war. Seine Trauer förderte noch weiter seine Hemmungen, doch war er sich bewusst, dass zu viel seelische Zurücknahme ein

Problem für ihn war. Er war auch sich selbst gegenüber trotzig: Jetzt erst recht keine Gefühle zeigen und jetzt erst recht über nichts mehr Persönliches reden!

Arun berichtete seinem Freund jedoch immer wieder davon, wie kleine Annäherungen an die Mädchen von Haridwar vor sich gingen und wo man hinter Jakarandabüschen in einem abgelegenen Park auch einmal zu intimeren Zärtlichkeiten kommen konnte. Auch wenn sich in der Seele Shayans vieles bewegte, versuchte er dennoch, alles an sich abperlen zu lassen, und wandte sich mehr den Problemen in der eigenen Familie zu. Wie sollte er das Problem mit Ranja lösen, wie sollte er jemanden finden, mit dem er alles besprechen konnte? So sehr sie Freunde waren, so sehr waren Arun und Shayan eben auch kleine Rivalen, indem man dem anderen seine Vorzüge und Geschicklichkeiten zwar nicht triumphierend präsentierte, aber doch nicht unerwähnt ließ. Die volle Freiheit und Bewusstheit gab es nirgendwo.

3. Shayan und Siddhartha

Schon Hermann Hesse hat in seinem Buch ‚Siddhartha' derartige Weisheiten, wie die von der gerade genannten Schaukelbewegung zwischen dem Niedrigsten und Allerhöchsten, verstreut eingefügt. Bekanntlich lässt er dort seinen Protagonisten Siddhartha zu einem zweiten Buddha werden, indem die Weisheit Siddharthas die Gautama Buddhas sogar noch um ein Weniges übertrifft. Bei Hesse wird Buddha (meist nur als Gotama bezeichnet) als religiöser Lehrer dargestellt, der seine Lehre mit vielen Worten verkündet, ohne die beseligende Erleuchtung direkt zu vermitteln. Dagegen lehnt sich Siddhartha auf. Er will zwar sein Ich verlieren und es nicht mit dem der buddhistischen Bruderschaft im Sinne eines neuen und nur übergroßen Ichs tauschen, von dem es hieß, es sei ein ‚Wir'. „Eines aber", so sagt Siddhartha daher zum Gautama Buddha, „eines enthält die so klare, deine so ehrwürdige Lehre nicht: sie enthält nicht das Geheimnis dessen, was der Erhabene selbst erlebt hat, er allein unter den Hunderttausenden."

Das ‚Wir' enthielt kein lebendiges, echtes, intimes ‚Du', in dem der Buddha sein eigenes Innerstes mit Siddhartha geteilt hätte. Nur das ‚Wir' einer Bruderschaft war zu wenig. Daher wendet sich Siddhartha nach einem kurzen Zwiegespräch mit dem Gautama der eigenen Selbstfindung und Selbstsublimation zu. Er weist Buddha geradezu brüskierend zurück und betont die Wichtigkeit seiner Eigenleistung, worauf der Buddha ihm zum Abschied noch einen letzten Satz mitgibt, den Hesse so beschreibt: „Klug bist du, o Samana, sprach der Ehrwürdige. Klug weißt du zu reden, mein Freund. Aber hüte dich vor allzu großer Klugheit!" Doch so etwas sagen die Gelehrten und Universitätsprofessoren auch heute noch. Immer wollen sie die Beherrscher des Wissens bleiben und nicht umgekehrt das Wissen aus den freien Einfällen entstehen lassen, über die keiner mehr herrscht. Hesse schildert Buddha als einen Phrasendrescher, der selbst nur altklug daherredet, und so kann er seinen Protagonisten Siddhartha zum jugendlichen Geisteshelden machen.

Siddhartha hatte natürlich Recht, selbst die größte Autorität infrage zu stellen. Seine kritische Haltung hat uns ja damals an Hesses Buch so gefallen. Nach dieser Begegnung mit dem Gautama gerät Siddhartha zuerst allerdings in die Fänge Kamalas, der Edelprostituierten, die ihm die fünfzig Arten der Liebeskunst beibringt. Aber sie tut es auch gerne, denn so einen eloquenten und potenten Liebhaber hat sie noch nie gehabt. Lange bleiben sie zusammen, und Hesse schildert diese Episode in Siddharthas Leben so, als wäre sie eine wichtige Voraussetzung für die späteren geistigen Höhen. Wer sozusagen nicht die niedrigsten Ebenen von diesem Allerhöchsten, das die Liebe ist, durchquert hat, kann nicht zum Weisheitslehrer – auch auf allen anderen Gebieten – werden. Man muss die Sache von der Pike auf lernen, auch wenn die Beziehung zu Kamala wie ein Routinekurs, wie ein schnell durchgezogenes Upgrading aussieht.

Ich werde noch später zeigen, dass Hesse hier wie auch an anderen Stellen seines Werkes die Beziehungen, auf die es letztlich aus – fast muss man sagen: moralischen Gründen – nicht so ankommt, etwas klischeehaft darstellt. Siddhartha muss für die Liebesdienste Kamalas nichts erstatten, im Gegenteil, er wird noch verwöhnt. So etwas hätte man sich früher als junger Mann selbst gerne von den Frauen gewünscht, aber ich kann mich an niemanden erinnern, der das erlebt hätte. Hesse verwendet hier einen Kunstgriff: Siddhartha trifft nicht auf ein nettes Mädchen, in das er sich verliebt und es in ihn, und sie heiraten vielleicht später und gestalten eine reife Beziehung. Vielmehr wirkt Siddhartha wie einer jener Männer, die den ‚Durchbruch zum Weibe' – wie Freud dies nannte – nicht geschafft haben und daher zur Prostituierten gehen müssen. Dass der erfolgreich abgeschlossene Schulungsaufenthalt bei Kamala die Eignung auch zu höchster ‚Spiritualität' voraussagt, hätte Freud allerdings – wohl mit ironischem Unterton – gleichermaßen schreiben können. Er hätte es jedoch so ausgedrückt: Das Ziel der Liebesbeziehung bestünde darin, dass der männliche Protagonist zu wissen gelernt hat, was die Frau ureigentlich will.

Denn darum drehte sich Freuds wichtigste Frage: ‚Was will das Weib' – gemeint war: speziell hinsichtlich erotischer Belange. Selbst seine Analytikerinnen gaben ihm dazu jedoch keine Auskunft. Lacan meinte daher: Die Frauen erleben es, tun es, sind ganz erfahren darin, aber sie wissen nicht, worum es da eigentlich geht. Sie können es nicht gut und dazu auch noch zutreffend, richtig, wissensbezogen sagen. Deswegen konstatiert Lacan, dass es d i e Frau, d i e als solche, als Generelle, gar nicht gibt.

45

Es gibt immer – und je wieder – nur eine Frau, deren weibliches Wollen in erster Linie auf einen universalen Mann, ja oft sogar auf einen Gott von Mann zielt, den man in Bayern einen ‚g'standenen' Kerl nennt, einen, bei dem alles passt.

Ein derartiger war Siddhartha nicht. So versucht er in Hesses Buch nun bei dem Geschäftsmann Kamaswami zum Global Winner zu werden, reich und mit Luxus übersättigt. Er lernt, der kaufmännisch perfekte Unternehmer zu sein, der kurz davorsteht, mit seinem Unternehmen an die Börse zu gehen. Diese Glücksphase ist ebenso sehr hochgegriffen und überkünstelt dargestellt, doch man kann sie noch nachempfinden, schon weil Reichtum heutzutage nicht unbedingt ein Hindernis gegen ‚spirituellen' Fortschritt sein muss. Da war Jesus noch anderer Meinung. Schließlich kann man das Geld ja auch zum Nutzen anderer verwalten und so Gutes tun. Aber so oder so: Siddhartha findet seine ultimative Bastion letztendlich bei Vasudeva, dem Fährmann ‚am großen Fluss im Walde', der über keinen tragenden Titel verfügt und nichts besitzt, ihm aber die wahren ‚Dinge' zeigt und ihm das zu viele Denken abgewöhnt. Jetzt gilt es nur noch zu arbeiten und zu meditieren. Mit dem Letzteren hatte also Shayan schon früher als Siddhartha begonnen.

Hesse war mehrmals in Asien gewesen und hatte bereits durch seine Mutter, die in Indien geboren worden war, einen Bezug zu diesem Kontinent. In seiner kurzen Schrift ‚Indien' schreibt er auch von den Menschen, die ‚die unzähligen Straßen ihrer volkreichen Städte mit einem intensiven, bunten, starken Leben füllen, das dennoch mit fast ameisenhafter Geräuschlosigkeit vor sich geht, und damit unsere südeuropäischen Städte alle beschämt', genauso also, wie ich es mit dem Begriff des Masse-Mensch-Gefüges beschrieben habe.[14] Auch ist Hesse generell zur Hälfte Inder geworden, indem er diese leicht fatalistische Gesinnung der meisten Inder teilte und von geistiger Glückseligkeit und der Menschenverbundenheit über die Rassen und Kontinente hinweg träumte. ‚Diese kleine, uralte Binsenwahrheit, dass es über die Völkergrenzen und Erdteile hinweg eine Menschheit gibt, ist für mich das letzte und größte Ergebnis jener Reise [nach Asien] gewesen', schreibt er.[15] Überhaupt beschwört er gerne die übergreifende (meist geistige, ‚spirituelle') Einheit allen Daseins und die Kosmopolitik aller Menschen.

Es steckt in der Romanfigur Siddhartha viel von Hesse selbst, der auch zweimal in psychiatrischer und mehrmals in psychoanalytischer Behandlung und ein zwischen Ost und West ständig pendelnder und zerrissener Sucher war. Im Siddhartha versucht er, eine Lösung zu finden, die beide Welten versöhnen soll. Doch es gelingt ihm nur halb. Der Ausgang der Siddhartha-Geschichte ist zu mystisch, zu übersponnen märchenhaft, um noch glaubhafte Psychologie zu vermitteln. Auch ein östlicher Leser wird heutzutage nicht überzeugt davon sein, wie Buddha von Siddhartha getoppt wird und wie am Schluss Siddhartha

---

[14] Hesse, H., Indien, GW Bd. 6 S. 274
[15] Hesse, H., Indien, GW Bd. 6 S. 293

mit seinem Freund Govinda zusammen in Hellsichtigkeit delirieren; sie sehen alle Bilder der guten und der bösen Welt in einer universellen, mehr oder weniger halluzinatorischen Schau, so wie man sie heute mit der ‚Virtual-Reality-Brille' viel einfacher einfangen kann. Aber gut, so war es eben damals.

Hesses Buch Siddhartha hatte schon in den zwanziger Jahren des letzten Jahrhunderts eine Blüte erlebt und wurde in den sechziger und siebziger Jahren des gleichen Jahrhunderts ein Kultbuch, doch ich glaube nicht, dass es dies noch einmal werden könnte. Die Zeiten haben sich zu sehr geändert. Wir sind cooler geworden, nüchterner, unromantischer. Wir sind ohnehin schon mit allem digital vernetzt, und dieser edelverblümte Heiligenstatus von anno dazumal zieht nicht mehr so wie früher. In den Social-Media-Kanälen delirieren wir mehr und mehr über unser Selbstbildnis: Was braucht es als sonst noch? Das, den unbewusst Andere(n)(s)? So weit war man noch nicht.

Damals hatten die Hippies und Asienfreaks für einen Rummel um die Figur des Brahmanen-Sohns gesorgt. Siddhartha war der wache Träumer, der naturgeborene Psychedeliker, der Vorbild für die ‚Blumenkinder' in Haight-Ashbury und für die Hippies in allen westlichen Großstädten wurde. Es klang nicht nur toll, wie er selbst Buddha die Stirn bot, sondern auch, wie er in die eigenen Phantasien einstieg und darüber hinausgelangte, indem er gar nichts mehr sagen musste und so im Kopf des anderen die gleichen Visionen lebendig werden lassen konnte.

Siddhartha musste Govinda nur verschmelzungswarm ansehen und schon waren sie eins in ihren Visionen. So etwas klingt heutzutage alles etwas schöngeistig und übertrieben.

Zudem wirken die Gestalten des Romans oft auch ein wenig klischeehaft: Kamala, die Edelnutte, die von Siddhartha kein Geld verlangt, weil er so ein toller Kerl ist, und Kamaswami, der Abzocker, dem alle Geschäfte gelingen, ohne dass man weiß, wie das geht und wofür es gut sein soll. Und zuletzt dann Vasudeva, dessen Weisheit eigentlich wieder nichts anderes als die schon von Buddha geäußerte Schlichtheit und Jenseitigkeitssehnsucht darstellt, und die von Hesse daher hinsichtlich Siddharthas noch als übertrumpft vermittelt werden muss, um dem Buch einen abschließenden Höhepunkt zu geben. Dieser besteht also darin, dass Siddhartha gar nichts mehr sagen muss, allein sein Blick genügt schon, um seinen Freund Govinda spukhaft in Millionen Bildern zu erleuchten.

So ein Vorgang ist einfach zu mystisch und in Indien auch heute nur noch ein beliebter magischer Zirkusglaube. Es heißt zwar stets, dass der ‚Darshan', der strahlende Blick des Gurus, das Höchste sei, das man bekommen kann. Es ist aber kein Geheimnis, dass zu diesem Hochgenuss des ‚Darshans' auch eine besonders starke, affektgeladene Übertragung des Schülers (Klienten, Patienten) gehört, sodass man nicht weiß, wer hier mehr zum gelungenen ‚Darshanerlebnis' beiträgt. Unter Übertragung versteht der Psychoanalytiker die Aktualisierung und Verschiebung von Bedeutungen, die aus vergangenen und ganz anderen Beziehungen des Patienten stammen, auf ihn als *Anderen*, dem eben ein bestimmtes Wissen unterstellt wird und der so zur Erstellung des inneren *Anderen* und dessen Bearbeitung in der Seele des Patienten beiträgt.

Oder gar die Übertragung auf den/das *Andere(n)* als rein Unbewusstem,[16] in dem – was ich bereits erwähnte – die Kraftworte, die Bedeutungskörper, die *Signifikanten* zu einem Dickicht, ja zu einer Handfestigkeit verborgenen Sinns verwoben sind. Beim ‚Darshan‘ geht es mehr um die Mächtigkeit und esoterische ‚Kraft‘, die dem Guru zugesprochen wird. Es ist ein ‚*Strahlt*‘-Erlebnis, in dem sich – wenn man es einmal so ausdrücken darf – wie bei Angelus Silesius die Blicke küssen. Und wenn sie dies wirklich tun, fragt sich natürlich, was dies bedeutet, was da dahintersteckt, was sich darin – freudianisch gesagt – in diesem ‚*Strahlt*' erotisch aus-‚*Spricht*'. Hier wird eine ‚imaginäre Ordnung' betont, während in der Psychoanalyse die ‚symbolische Ordnung' mehr zum Zug kommt. Ich werde noch zeigen, wie beide zusammen kommen müssen.

---

[16] Der/Das *Andere* im Unbewussten ist laut Lacan das Schatzhaus der *Signifikanten*, der Bedeutungskörper, der Sprachschlüssel, von dem aus viele unserer Gedanken und Gefühle gesteuert werden. Wie gesagt entsteht der/das *Andere* aus der Begegnung mit kleinen (anderen) und großen Anderen im Alltagsleben, wobei die Begegnung mit dem Analytiker zum endgültigen Dialog führen soll.

Der Analytiker besitzt zwar ein Wissen, aber es ist nicht das, das der Patient ihm unterstellt, und der Guru verfügt zwar über die Mächtigkeit eines gesunden Selbstbewusstseins, aber von diesem kann er nichts abgeben. So laboriert Hesse in seinem Buch ein wenig mit moderner Psychologie, indem er seinen Helden selbstbestimmt sein lässt, wie dies auch Camus von Sisyphos behauptete: „Man muss sich Sisyphos als einen glücklichen Menschen vorstellen", schreibt Camus, der – so wie der heutige Fabrikarbeiter – die Last seiner Arbeit selbstbestimmt und daher gern auf sich nimmt. Auch der heutige Fabrikarbeiter ist also ein glücklicher Sadhu.

Diese Aussage von Camus hat schon ein bisschen für Wirbel gesorgt. Dass jemand glücklich ist, der ständig eine ungeheure Last hochschleppen muss, wonach sie ihm wieder entgleitet, klingt paradox. Aber man musste den Mythos von Sisyphos deuten, man konnte ihn nicht einfach mehr nur so als Fabulierkunst stehen lassen. Auch Camus wollte mit einem Sisyphosbuch dieses Niedrigste des Allerhöchsten ausdrücken, nämlich dass man selbst als Angehöriger der unteren Sozialschichten mit der Gewissheit, Besonderes zu leisten, auch am Geschehen ganz oben teilhat. Eine derartige Vermutung und Deutung des Sozialgeschehens klingt aber irrelevant.[17]

---

[17] Ich habe dem Sisyphosmythos an anderer Stelle die Deutung gegeben, dass Sisyphos hier den Konflikt mit seiner Sexualität nicht bewältigt hat, denn er hat es mit vielen Frauen getrieben und wurde von den Göttern deswegen schon in den Hades geschickt. Den schweren Stein seines Begehrens schleppt er jedoch

Andererseits jedoch liebäugelt Hesse in gleicher Weise mit dem indischen Heiligen, der noch eine unverfälschte Religiosität besitzt. Auch wenn er später östliche und westliche ‚Spiritualität' relativierte, waren ihm doch Buddhismus und Taoteking ‚heimatlich', wie Hesse selbst sagte.[18] Zudem blieb er dem abendländischen religiösen Denken treu. Der Psychoanalytiker J. Cremerius wirft Hesse daher ein pietistisches Missverständnis der Psychoanalyse vor. Hesse habe sich zwar eindrucksvoll mit der analytischen Therapie Freuds beschäftigt, doch „unter der Hand fließen Vorstellungen aus einer ganz anderen Welt in Hesses Freud-Verständnis ein." So redet Hesse hinsichtlich der Therapie gar nicht mehr von Heilung, sondern von ‚Heiligung', was natürlich entschieden zu weit geht.[19] Ob Ost oder West, der Heilige ist zu problematisch geworden. Er muss heutzutage auch ein Wissenschaftler sein. An der Geschichte Shayans will ich zeigen, wie das mythisch ‚Spirituelle' und das Wissenschaftliche in einer praktikablen Synthese doch zu vereinbaren sind.

„Hesse", so schreibt Cremerius weiter, „findet keine [derartige] Synthese zwischen diesen beiden Welten:

---

immer wieder zum Höhepunkt der Lust hinauf, um dann zu bemerken, wie die sexuelle Befriedigung nicht ausreicht und das Begehren wieder neu entfacht und in die Höhe geschleppt werden muss. Das klingt meines Erachtens nicht so unplausibel wie die Parabel mit dem glücklichen Fabrikarbeiter.
[18] Hesse, H., GW Bd. 6, edition suhrkamp, S. 296
[19] *Cremerius, J., in Hermann Hesse und die Psychoanalyse, Verlag B. Gengenbach (1997) S. 30 - 41*

1922 versteht er in einer asketischen Phase, dass er frühere Erlebnisse intensiver sexueller Lust nachträglich entwerten muss; 1924 warnt er dagegen davor, dass es gefährlich sei, sein Triebleben allzu einseitig unter die Herrschaft des triebfeindlichen Geistes zu stellen... „In meinem Leben", so Hesse weiter, „haben stets Perioden einer hochgespannten Sublimierung, einer auf Vergeistigung zielenden Askese, abgewechselt mit Zeiten der Hingabe an das Naiv-Sinnliche, auch ans Verrückte und Gefährliche." Je näher Hesse der Welt des Glasperlenspieles rückt, seines letzten Romans, desto mehr entscheidet er sich für die auf Vergeistigung zielende Askese. Von den beiden möglichen Ausgängen des Lebens, die er erwähnt, nämlich „Untergang oder Erlösung", wählt er zuletzt die Erlösung."

„Damit", so schließt Cremerius schließlich, „rückt er weit ab von Freuds Psychoanalyse, in der es Erlösung nicht gibt. Für Freud bleibt der Mensch eingebunden in seine Konflikthaftigkeit, bleibt ein tragischer Mensch. Da Hesse Freuds tragischen Menschen als schuldhaften Menschen missversteht und da er sich als solchen nicht ertragen kann, wählt er den Weg in eine Erlösungsreligion, die ihm die Flucht aus der bedrängt-bedrängenden Menschenwelt in die klösterliche Welt männlicher Selbstzucht verspricht. Hier, in der reinen Welt des Geistes, findet er die ihm gemäße Religion, findet er Erlösung und endlich auch Frieden."

Doch Cremerius Folgerungen scheinen mir gerade auch durch die Geschichte, die ich mit Shayan erlebt habe, nicht ganz schlüssig. Der tragische Mensch Freuds ist nicht derjenige der absoluten Tragik in der altgriechischen Tragödie. Es gibt konflikthaft tragische Momente, wie sie sie auch sonst schon immer im Leben der westlichen Menschheit gegeben hat. Dagegen besteht beim Freud'schen Menschen die Gefahr, dass er auch von einem Negativismus und Pessimismus mit gezeichnet ist, den in erster Linie Freuds Einführung des Todestriebs in die Theorie mit sich gebracht hat. Ein aktiver Trieb, der einen unausweichlich zum Tode treibt, klingt nach einem Horrortrip. Der pessimistische Mensch kann nicht mehr so richtig fröhlich sein, und wenn er zusätzlich noch tragisch ist, klingt das nach Untergang.

Der Literaturphilosoph E. Goebel argumentiert: ‚Wenn die Strebung zu Destruktion und Tod tatsächlich ein Trieb ist, aktiv und dynamisch, dann zwingt ein solches Konzept miteinander legierter Eros- und Todestriebe zu übermäßig viel Verzicht und Askese und mündet in Pessimismus. Es kommt dann etwas Ähnliches heraus, gegen das sich Freud so gestemmt hat, nämlich eine Zwangsreligion, die durch glorreiche Versprechungen im Jenseits das Diesseits recht schwarzseherisch gestaltet.' Goethe – so der Autor weiter – habe es besser verstanden, das Fortleben erotischer Triebregungen jenseits purer Sexualität aufzuweisen.[20] Ich werde noch eine tragische Tiefe in Shayans Leben schildern, doch sie hat ihn nicht tragisch sein lassen, sondern hat ihn weitergebracht. Und

---

[20] Goebel, E., Jenseits des Unbehagens, transcript (2009) S. 10 – 14.

darauf kommt es an.

Umgekehrt muss man Hesses Erlösung aber auch nicht nur als die in ein totales Jenseits hinein verstehen. Gerade im Glasperlenspiel findet der zu weit ins Geistige verstrickte Mensch den Tod, indem er ins kalte Wasser eines Bergsees springt, was er vor lauter ‚Spiritualität' nicht mehr gewohnt war. So war im Grunde genommen der Weg fort vom Ordensleben im Glasperlenspiel der richtige, und so lebte Hesse in seiner ‚casa rossa' im Tessin viele Jahre, erlöst selbst vom Schreibstress, wenn er auch eine ungeheure Korrespondenz hinterließ. Man kann auch im Diesseits, selbst wenn nicht total erlöst, so doch gut gelöst sein, ohne Freud'schen Pessimismus und ohne Verhaftetsein an eine Konfession. Diese Weisheit kann man sehr gut von Hesse lernen, denn wenn ich auch vieles in seinem schöngeistigen Überbau kritisiere, ist er doch ein besonderer Dichter und Philosoph gewesen.

Lange Zeit nachdem Shayan mit seiner Familie gehadert hatte und das Problem der Beziehung zur Frau wegen der Bindung an die Traditionen der Familie nicht lösen konnte, lernte er beim Holifest in Haridwar eine Frau kennen, Mira, mit der er sich erneut verabredete. Bei diesem Fest, bei dem man sich bekanntlich mit Farbbeuteln bewirft und auch sonst viel Unfug treibt, war es leicht, jemanden anzusprechen. Mira war zwar um etliches älter als er, sie gefiel ihm aber viel besser als jede andere Frau, die er vorher gesehen hatte. Als er fünfzehn war und noch in den Straßen von Haridwar herumstreunte, war Mira schon sechsundzwanzig. Doch dies wusste er anfänglich selber nicht und schon gar nicht wussten seine Eltern oder andere Verwandte etwas davon. Denn diese Bekanntschaft hielt er anfangs auch vor Arun geheim.

Jetzt war Shayan siebzehn und kurze Zeit später, beim Divalifest, der Lichterfeier, bei der es ruhiger und romantischer zugeht, verliebte sich Shayan ganz heftig in Mira, die ihm nach wie vor ihr Alter nicht verriet. Sie wirkte auch tatsächlich jünger, war zierlich, schlank und gering dunkelhäutiger als die meisten Nordinder. Zudem war sie temperamentvoller, anmutiger, war mehr zu Späßen aufgelegt und konnte sich gut ausdrücken, konnte gut reden. Endlich konnte sich Shayan mit jemandem über alles unterhalten. Er konnte über seine Familie reden und alles erzählen, was die Zwangsheirat betraf. Er konnte von Babu und all den anderen die alltäglichsten Dinge berichten und konnte zudem vorgeben, als sei er der Charmeur und tonangebende Partner. Er konnte Gefühle haben und sie nur dann zeigen müssen, wenn er es unbedingt wollte.

Natürlich musste die Beziehung weiterhin geheim gehalten werden. Mira und er konnten sich bei ihr zu Hause treffen, denn sie hatte zwar einen Freund, lebte aber mit ihrer Mutter alleine dort, und diese hatte gegen Shayan nichts einzuwenden. Ein paar Mal fuhren sie auch zusammen weg, in den Rajaji-Nationalpark oder nach Rishikesh, das nicht weit entfernt lag und das doch in den siebziger Jahren des letzten Jahrhunderts durch die Beatles so bekannt wurde. Es war natürlich auch vorher schon als Zentrum der Sadhus und Yogis berühmt. Inzwischen hatte es Shayan auch aufgegeben, seine Familie mit der

Bitte um Auflösung der Verbindung zu Ranja zu bedrängen, und Mira hatte sich von ihrem Freund getrennt. Die Situation war damit für beide zwar nicht ideal, aber auch nicht allzu schlecht.

Doch ein Studium stand an und es war vorgesehen, Shayan nach Delhi zu schicken, das noch am nächsten zu seinem Heimatdorf lag. Aber die Familie ahnte und argwöhnte, dass er dort jemanden kennenlernen könnte oder überhaupt in der Millionenstadt nicht zurechtkommen würde. Es gab niemanden, der ihn in Delhi wenigstens ein wenig kontrollieren konnte. Die Eltern überlegten daher, ihn nach Deutschland zum Informatikstudium zu schicken, wo er bei einer Tante der Familie Amand wohnen konnte, die dort schon seit Jahren lebte. Dort war er sicher, würde vielleicht sogar eine bessere Ausbildung bekommen und die Heirat konnte noch warten, bis er wiederkäme. Er war neunzehn Jahre alt, als er in Frankfurt ankam, nachdem er vorher noch einigermaßen bei einem Deutsch-Inder in Haridwar Deutsch gelernt hatte.

Shayan traf Mitte der siebziger Jahre des letzten Jahrhunderts in Frankfurt ein und bezog ein kleines Zimmer in der Wohnung von Suna Amand, die bereits Rentnerin und also stets zu Hause war und sich so gut um Shayan kümmern konnte. Er wurde auch in die Deutsch-Indische Gesellschaft eingeladen, und schon zwei Wochen später begegnete er auch dem viele Jahre älteren Sudhir Kakar, der eine Psychoanalytiker-Ausbildung im Sigmund-Freud-Institut machte, was Shayan später dazu inspirierte, sich wie Hesse mit dieser Wissenschaft vertraut zu machen. Einen persönlichen Kontakt hatten die beiden zwar nicht, aber Shayan begann ein bisschen Freud zu lesen. Auch Kakar war durch einen Zufall zur Psychoanalyse gekommen. Er traf in Indien Erik Erikson, der das Buch ‚Gandhis Wahrheit', eine psychoanalytische Untersuchung über den Mahatma, geschrieben hatte, und wurde später dessen Assistent.

Shayan absolvierte sein Informatikstudium vorerst innerhalb eines Zeitraums von zwei Jahren und kehrte dann wieder nach Indien zurück. In der Zeit seines Studiums in Deutschland hatten sich Shayan und Mira auch einmal für zwei Wochen in Dubai getroffen, und ihre Liebe war nach wie vor stark und unumstößlich. Shayans Eltern wussten weiterhin nichts, und umso schwieriger wurde die Situation bei Shayans Rückkehr nach Indien. Zuerst standen aber noch einmal ein Jahr eines erweiterten computerwissenschaftlichen Studiums an, das Shayan in Mumbai absolvieren und wo er von seiner Familie unbehelligt mit Mira zusammen sein konnte.

Immer noch dachten die Eltern, dass Shayan danach die von ihnen vorgesehene Frau, Ranja, im Heimatort heiraten würde. Es war nicht ungewöhnlich, dass sich die ‚versprochenen Eheleute' lange Zeit gar nicht sahen. Die Frauen sind es gewohnt, zu warten, während die Männer schon mal anderweitig flüchtige Beziehungen eingehen, weil sie doch sonst – so die indische, stark patristisch gefärbte Auffassung – unter ihrem Triebdruck fürchterlich leiden müssten. Doch für Shayan ging es um andere Probleme, die viel komplexer waren. Wenn man wüsste, so dachte er, dass es Mira gibt und sie viel älter war als er, würde auch herauskommen, dass Mira darüber hinaus auch nicht die sozialen und die nordindisch-genetischen Vorzüge bot, die die Familie seines Vaters gerne wahrgenommen hätte.

Mira entstammte zwar einer nicht ganz niedrigen Kaste, deren Wert in Indien auch heute immer noch wichtig ist. Aber eine Verwandtschaft, mit der man sich hätte gutstellen können, gab es nicht, und an eine gute Mitgift war auch nicht zu denken. Mira lebte wie erwähnt nur bei der Mutter, ohne viele gesellschaftliche Kontakte. Sie hatte Sozialpädagogik studiert, womit man schon bei uns nicht sehr anerkannt und reich wird und in Indien nur mit einem Hungerlohn und noch größerer sozialer Minderwertung rechnen musste. Außerdem war sie dunkelhäutiger, was sich nicht besonders gut mit traditionalistischen Anschauungen vertrug. Jedem etwas gebildeten Menschen in Ost und West würden diese Unterschiede nicht gravierend erscheinen, aber die Amands lebten am Land in einer zudem nicht sehr besiedelten Gegend.

Doch nach dem Ende seiner Studienzeit in Mumbai ging Shayan nach Lucknow, einer schrecklichen mittelindischen Großstadt, weil er dort eine Anstellung als Softwareentwickler bekommen hatte. Nun war es auch nicht mehr vermeidbar, dass es zum Bruch mit seiner Familie kommen musste. Jetzt war er selbstständig und musste nicht mehr auf einen familiären Konsens Rücksicht nehmen. Jetzt konnte er endgültig erklären, dass er es ablehnte, die ihm vorbestimmte Frau zu heiraten. Der Vater tobte, die Mutter war entsetzt, nur Babu versuchte zu schlichten. Er meinte, die Jugend habe jetzt andere Ideale und Richtlinien von den westlichen Industrienationen gelernt, und damit müsse man sich eben abfinden. Das überzeugte jedoch niemanden.

Aber Shayan war jetzt endlich in einer anderen Situation. Er war jetzt ganz auf sich allein gestellt und konnte vom allein verdienten Geld leben. Niemand konnte ihm mehr etwas vorschreiben. Trotzdem war die Folgezeit nicht rosig für ihn. Es belasteten ihn die Zerwürfnisse mit der Familie, in die ja nicht nur die Eltern, auch andere und weitverzweigte Familienangehörige hineingezogen wurden. Auf keinen Fall wollte er den totalen Bruch. Ranjas Familie meldete jedoch Schadensersatzansprüche an, es gab zahlreiche Verhandlungen und Streitereien, vorher umturtelte Verwandte waren jetzt auf einmal Miststücke und Verbrecher und ein Ressentiment zog das andere nach sich. Der ganze Streit, die ganzen misslichen Zustände ließen sich ja nicht auf einmal beseitigen. Shayans Seele war zu weich und zu sensibel, als dass er jetzt einfach wie ein Sieger davongehen wollte.

Ich muss hier einfügen, dass Shayans Bruch mit den indischen Konventionen mich erneut an Siddhartha und seine Auflehnung gegen den Vater, gegen die Lehre Buddhas und schließlich an den Bruch mit allem Weltlichen erinnerte. Damals, zu Zeiten des wirklichen Buddha, lagen die Verhältnisse sicher anders, denn der originale Buddha hat nicht nur durch Worte, wie es Hesse beschreibt, sondern bestimmt auch durch seine ‚Ausstrahlung' gewirkt und gelehrt. Aber vor fast hundert Jahren, als Hesse sein Buch schrieb, war der Ruf nach Selbstbestimmung jedes Einzelnen groß. Auch Freud, Ortega y Gasset, Bertha von Suttner und viele andere traten in dieser Zeit für das Recht auf die eigene Lebensbestimmung ein, selbst wenn dies letztlich nicht immer der Weg zum perfekten Glück war. So ist es doch dem englischen König Edward VIII. ergangen, der eine geschiedene Bürgerliche heiratete, dafür sein Königsamt aufgab und trotz allem kein glückliches Leben führte. Wie betont scheitert Siddhartha mit dem Glücklichsein zwar nicht, aber das Endresultat befriedigt eben auch nicht.

Und so ebenfalls bei Shayan. Er hatte sich frei gekämpft, aber nicht nur die Beziehungen zur Familie und zu vielen anderen aus dem Dorf, auch die Beziehung zu Mira wurde nicht einfacher. Sie hatte in der Zeit, in der sie und Shayan in Mumbai zusammen sein konnten, eine gute Stelle im Bereich der Jugendfürsorge bekommen, die sie nicht gleich wieder aufgeben wollte. So sahen sich die beiden erneut nicht so oft. Mit dem Flieger benötigte man drei Stunden von Mumbai nach Lucknow, doch einen ständigen Hin- und Rückflug konnten sich beide anfangs nicht leisten. Die Zugfahrt war mühselig und dauerte fast einen Tag. Nach weiteren Jahren war Shayan achtundzwanzig und Mira vierzig Jahre alt, und somit war an gemeinsame Kinder fast nicht mehr zu denken. So etwas stellt für indische Verhältnisse eine verzweifelte Situation dar, denn wie ich erwähnte, ist der Mensch dort nur in der Familie vollständig. Shayans Beziehungen zu seinen Eltern hatten sich mit der Zeit etwas verbessert und sie kannten nun auch Mira, seine Verlobte. Doch die Sache mit dem hohen Alter, das inzwischen bekannt war, empfanden alle wieder als Unglück.

Bereits einige Zeit später erhielt Shayan ein Angebot für eine Stelle in Deutschland bei einer der größeren Software-Firmen. So versuchte auch Mira in Deutschland unterzukommen und wenigstens in Shayans Nähe einen Job zu ergattern. Das war bei dem Beruf, den sie gewählt hatte, keine leichte Sache. Es klappte aber nach längerem doch irgendwie, und so konnten sich beide jetzt wenigstens jedes Wochenende sehen. Sie wohnten nicht nahe beieinander, und wieder waren lästige Zugfahrten notwendig. Aber sie sahen sich doch regelmäßig, verbrachten zweimal längere Urlaube miteinander und schienen nicht unglücklich. Darüber, dass sie keine Kinder mehr haben würden und ein enges familiäres Leben wohl nie so ganz gelingen würde, sprachen sie jedoch kaum. Wieder verhielt es sich so wie früher in der Freundschaft mit Arun, dass gewisse Thematiken einfach nicht besprochen wurden.

Zusammengefasst: Die Dinge waren schlicht über Mira und Shayan hinweggegangen. Die ständigen räumlichen Veränderungen, die Unklarheiten in den Familien, das Fehlen einer gehaltvollen, leuchtenden Zukunft und vieles andere mehr hatten eine Situation geschaffen, die positiv, aber nicht befriedigend und nicht erfüllend war. Ja, es gab nicht einmal einen Gedanken daran, was denn überhaupt erfüllend sein konnte. Die berufliche Zukunft war gesichert, aber ohne weiterführende Perspektiven.

An gemeinsame Reisen und daran, einen großen Freundeskreis zu gestalten, dachten Mira und Shayan auch nicht. Sie lebten in relativ guten wirtschaftlichen Verhältnissen, aber das war auch alles.

Und so kam nach zwei Jahren in Deutschland eines Tages zu allen Verwicklungen noch hinzu, dass Shayan eine weitere Frau kennengelernt hatte, eine Deutsche, Sandra. Wieder begannen Verheimlichungen und schwierige Zeiten. Er hatte Schlafstörungen, war in der Arbeit nervös, trank vermehrt Alkohol, hatte Albträume und konnte sich oft nicht richtig konzentrieren. Ich kann die Geschichte abkürzen, denn es war nun diese Zeit, in der er zu mir in analytische Psychotherapie kam und wo schließlich alles, was ich in der Schnelle nicht beschrieben habe, seine Besprechung, seinen Dialog und seine Aufklärung fand. Nicht alles hat er mir exakt so erzählt, wie ich es beschrieben habe und weiter beschreibe. Aber er hat mir am Ende unserer Therapie Tagebücher gegeben. Sie behandeln seine Jugend, allgemeine Gedanken zu Indien und den dortigen Menschen und vieles aus den späteren Jahren, was ich für diesen Roman verwenden konnte.

Shayans Tante war ein Jahr zuvor verstorben, und so war er durch Empfehlung einer indischen Familie, zu der ich Kontakt hatte, zu mir gekommen. Ich hatte Beziehungen zu verschiedenen Menschen aus Nord- und Mittelindien, nachdem ich 1969 mit dem Auto nach Indien gefahren war, dort viel gesehen und erfahren hatte und die ganze Strecke wieder zurückfuhr. In Delhi, Indiens Hauptstadt, lebten zu dieser Zeit nur ein Viertel der heutigen 17

Millionen Einwohner. Von dort her stammten also meine hauptsächlichen Kontakte, und so kam Shayan im Sommer 2001 zu mir. Wir begannen die Behandlung zuerst einmal im Sitzen, erst nach einigen Vorgesprächen wurde dann die Behandlung im Liegen auf der Couch vereinbart.

4. Psychoanalytische Therapie

Doch ganz im Gegensatz zu dem, was man nach all den Familien und beruflichen Werdegängen, die ich, wie gesagt, schon vorausgreifend geschildert habe, aber auch grundsätzlich zu Beginn einer analytischen Psychotherapie vermuten würde, erzählte Shayan mir gleich in der ersten Stunde mit fast flüsternder Stimme und beschwörendem Timbre, dass er viel meditiere und seinen Guru im Inneren gesehen habe. Er ging gar nicht auf die Schilderung irgendwelcher Beschwerden ein, die er hätte, dass seine Nervosität und Schlaflosigkeit vielleicht mit Beziehungsproblemen zu tun haben oder welchen Inhalt seine Albträume haben könnten. Er erklärte mir nur, dass er aus Indien kommend jetzt hier in Deutschland arbeiten würde und therapeutische Hilfe bräuchte. Es gehe ihm nicht gut. Er habe viel Kopfschmerzen. Ich forderte ihn auf – wie das die Regel ist –, frei zu assoziieren, also alles zu erzählen, was ihm spontan durch den Kopf gehe.

Doch wie, wenn er mich sofort und ohne Umschweife zu seinem Komplizen machen wollte, sprach er anfangs weiter nur von seinen Meditationen, die er als Jugendlicher ausgeübt, dann lange unterbrochen und erst seit einiger Zeit wieder aufgenommen hätte. Obwohl er doch Freud gelesen hatte, berichtete er mir nichts von seiner Kindheit und von all den Erlebnissen, die ich geschildert habe.[21] Er erzählte mir, dass es sich bei seinem Guru gar

---

[21] Wie erwähnt habe ich dies erst später von ihm und aus seinen Tagebüchern vermittelt bekommen.

nicht um einen handle, dem er real begegnet wäre. Vielmehr hatte er ihn über Bilder und Erzählungen anderer Personen einer Meditationsgruppe kennen gelernt und so stark verinnerlicht, dass er glaubte, nein, sich sicher war, ihn in einer Vision genauso echt und authentisch getroffen zu haben, als hätte es einen persönlichen Kontakt gegeben. „Auch im Christentum gibt es doch religiöse Visionen", erklärte mir Shayan. „Denken Sie an den Heiligen Juan de la Cruz! Er hörte sogar die Stimme Gottes!"

Ich ging nicht darauf ein, denn eine Diskussion um Theorien wäre das Falscheste, was man als Psychoanalytiker tun kann. Ich wies ihn wieder auf das freie Assoziieren hin. Man muss zuhören, viel schweigen und anfänglich nur ‚ungesättigte Deutungen' geben. Unter ‚ungesättigten Deutungen' sind solche zu verstehen, die nicht schon mit der ganzen Zutreffendheit geladen sind und mit der Wahrheit konfrontieren. Der Therapeut muss zwar ‚in der Übertragung deuten', d. h., die unbewussten Konflikte in Bezug auf sich hinsichtlich anderer oder früherer Beziehungen interpretieren. Er muss behutsam vorgehen und zunehmend die Deutungen mehr und mehr mit Direktheit ‚sättigen'. Aber man kann und soll auch schweigen, denn das ist das Wichtigste, damit der Patient alles aus sich herauslässt.[22]

Doch so richtig kam die Analyse nicht in Gang. So konnte ich also zuerst einmal nur weiter zuhören. In einer

---

[22] Lacan, J., Seminaire XVIII, Édit. Seuil (2006) S. 149

‚gesättigten' Deutung hätte ich ihm sagen können, dass er mich mit seinen Meditationserzählungen nur hinhalten wolle, so wie er seine Freundin Mira hingehalten hätte und noch weiter hinhalten würde. Doch ich hatte diese Informationen ja noch gar nicht, und so blieb mir nichts anderes übrig, als auf eine bessere Möglichkeit zu warten. Immerhin konnte ich ihm nach einiger Zeit in leicht ironischer Weise sagen, dass sein Guru wohl in Konkurrenz zu mir arbeite. Ich würde hoffen, dass wir uns ergänzen.

Doch Shayan hörte nicht auf, von diesen indischen Erfahrungen zu reden, die ihn schon sein ganzes Leben begleiten würden, auch wenn er nicht immer meditiert hätte. Aber was in Indien alltäglich sei, sei hier im Westen neuerdings ein Problem, meinte er. Man würde hier eine strenge Meditation, die sich auf einen persönlichen Guru richte, sehr skeptisch ansehen. Die Leute im Westen würden buddhistische Meditationen machen, die unpersönlich sind und mit sachlichen ethischen Werten operieren. Eine derartige Meditation, wie er sie praktiziere, gebe es kaum. Sodann referierte er über eine Studie, die der oben genannte Psychotherapeut S. Kakar gemacht hatte und auf die ich sogleich noch einmal zurückkomme und die ebenfalls diese Kluft zwischen Ost und West widerspiegelt.

Ich war ein bisschen erstaunt und verwundert über den Anfang, den er machte, und den er auch in den nächsten Sitzungen fortsetzte. Ich dachte zuallererst an eine Patientin, bei der etwas Ähnliches passiert war, wenn auch in irgendwie umgekehrter Weise. Sie kam zur ersten Stunde, setzte sich hin und sagte: „Ja, was soll ich jetzt eigentlich sagen?" Ja, worum geht es? Ja, keine Ahnung." Ich glaubte, sie mit der psychoanalytischen Grundregel, dass man alles sagen solle, was einem gerade so in den Sinn kommt, aufmuntern zu können. Doch gerade dies verursachte das Gegenteil. „Alles sagen, was einem so in den Sinn kommt", wiederholte die Patientin monoton und fast ein wenig benommen, und dabei blieb es. Jetzt fiel ihr erst recht nichts mehr ein. So umging sie genauso wie Shayan das eigentliche psychoanalytische Gespräch, was freilich in einer analytischen Psychotherapie häufig vorkommt.

Nie ist mir allerdings klarer geworden, dass bereits die psychoanalytische Grundregel eine zu starke Suggestion darstellen kann, die ja gerade in der Psychoanalyse vermieden werden sollte. Es ist nicht unverständlich, dass die Unermesslichkeit, sagen zu sollen, was einem immer in den Sinn käme, sich lähmend auswirkt. Hier liegt ein Problem der klassischen Psychoanalyse. Ich musste froh sein, dass Shayan mit solch einer für ihn anscheinend zentralen Aussage begann, und nicht nur schwieg, was auch oft vorkommt, sondern drauflos brabbelte, auch wenn ich damit zuerst einmal gar nichts anfangen konnte. Ich animierte ihn zwar auch sonst, alles zu sagen, aber er blieb bei seinen Meditationsgeschichten und der Schilderung seines Gurus, indem ihn dies alles sicher sehr bewegte, aber es war ja wohl auch noch anderes Bewegendes vorhanden, sagte ich ihm.

Später gestand er mir, dass schon seine Kindheit voll von Geistern und außersinnlichen Wahrnehmungen gewesen war, wie es auch in einer Meditation vorkommen kann. Doch es gab auch die mußevollen Stunden am Ganges, von denen ich bereits berichtete. Shayan drängte nämlich schon in der ersten Sitzung darauf, ich solle verstehen, dass alles, was er mir noch sagen werde, von da seinen Anfang genommen hätte. Im Rauschen des Flusses habe er Laute gehört und – wie beschrieben – selbst welche vor sich hingemurmelt. Das alles hatte die Beziehung zum Guru eingeleitet. Er sei ja kein Animist, der alles für belebt und beseelt hielte. Aber zur Natur hätte er damals noch ein so intensives Verhältnis gehabt, dass er immer wieder Teile eigener Identität daraus zog. Sein Babu hätte ihm auch erzählt, dass man Gott nur da wahrnehmen könne, wo man ganz mit sich und der Natur alleine sei.

In vielen der anfänglichen Stunden erzählte mir Shayan also immer wieder nur von den meditativen Erlebnissen, die ich mir ohne Unterbrechung anhörte. Da ich ja noch lange keine Kenntnisse seiner sonstigen persönlichen, familiären, sozialen und geistigen Entwicklung besaß, zu denen mir wahrscheinlich leichter eine Interpretation eingefallen wäre, fing ich an, ihn für paranoid oder manisch zu halten. Ich musste anfangs denken, dass ich einen seltsamen Patienten vor mir hatte, der vielleicht mit religiösen Wahnvorstellungen beschäftigt war oder an einer dissoziativen Störung litt, einer psychischen Spaltung, die einer schizophrenen Erkrankung ähnlich sein kann. Eine derartige Krankheit kann in der allgemeinen Lebensbewältigung jedoch gute Resultate aufweisen, die mit den psychischen Inhalten in starkem Kontrast stehen. Denn, dass er eine gute Arbeit hier in Deutschland hatte, ließ er bald durchblicken, auch dass er mit der Sprache und seiner Selbstversorgung keine Probleme hatte, war ebenso bald klar.

Was also war dann mit ihm los? Warum war er so fixiert auf diese – wie er es auch nannte: ‚spirituelle' – Thematik? Warum kam er überhaupt zu mir, da er – so sah ich es nach einiger Zeit – offensichtlich doch keinen Wahn hatte, sondern eher mit seinen Meditationen eine Art indischer Psychotherapie pflegte oder eine sektiererische Religion ausübte? Ich hatte auch früher einmal eine junge Frau aus Kasachstan, Schülerin im Gymnasium, in Therapie, die mir Gleiches berichtete, nämlich Gespenstergeschichten, magische Einflüsse, unter denen sie in der Kindheit stand und denen sie mit Gegenmagie begegnete. In ihrer Familie hatte es wütende Schlägereien unter Brüdern und Onkeln gegeben. Aber acht Jahre nach dem Weggang aus ihrer Heimat kam sie hier bereits gut zurecht, beherrschte die deutsche Sprache perfekt und schaffte gute Abiturnoten. Trotzdem behielt sie grundlegende Vorstellungen aus der Magie ihrer Heimat bei.

Während sie einige Zeit im Westen lebte und sie langsam anfing, sich nach und nach von ihren Gespenstern zu distanzieren, gab es doch immer wieder Einbrüche angstmachender Erinnerungen, die sie sich nur mit rituellen Beschwörungen vom Leib halten konnte. Parallel dazu verlief die Geschichte ihrer Mutter, die mit ihr nach

Deutschland gekommen war. Sie galt in Kasachstan als große Schamanin, die führende Politfunktionäre behandelte. Weil es diesbezüglich zu Problemen kam, musste sie mit ihrer Tochter fliehen, fand jedoch hier sofort wieder zahlreiche Kundschaft, die ihre magischen Kräfte schätzte, gerade weil sie aus der Fremde kam. Ähnlich schien anfangs die Geschichte mit Shayan zu verlaufen. Er fand auch hier Interessenten an seiner Meditationsmethode. So weit sind Ost und West dann doch wieder nicht auseinander.

Sah Shayan also seinen Guru im Inneren, seine Gesichtszüge, sein Auge, seinen Blick? Und sonst? Die Studie von S. Kakar, die Shayan gleich anfangs erwähnte, beinhaltet einen Vergleich zwischen dem indischen Heiligen Ramakrishna und einer psychisch Kranken, die über zwanzig Jahre in Paris von P. Janet behandelt wurde.[23] Während Ramakrishna als angesehener Guru in Kolkata lebte, wurde die französische Patientin in der psychiatrischen Klinik festgehalten. Und doch hatten sie beide ähnliche Ekstasen, Visionen und seelisch beeindruckende Erfahrungen gemacht. Tatsächlich war Ramakrishna hochneurotisch. Er bekam Nesselausschläge, wenn ihn eine Frau berührte, und musste manchmal aus seinen Versenkungszuständen mit Gewalt geweckt und anschließend physisch gestützt werden. Andererseits konnte die Pariser Patientin tiefsinnige, aber auch für Janet ganz unverständliche psychologische Bemerkungen

---

[23] Clément, C., Kakar, S., Der Heilige und die Verrückte, C. H. Beck (1993)

von sich geben. Sie war eine psychisch kranke Künstlerin, eine seelische Artistin. Fazit: Ramakrishna wäre hier im Westen ein psychisch kranker Patient gewesen, Janets Patientin in Indien jedoch eine Heilige.

Shayan war also irgendwie im Recht, kam er doch auch von weit her, wo Neurotiker Heilige sind, wollte jedoch dort, wo Neurotiker mit westlicher Wissenschaft behandelt werden, wenn nicht als Heilige, so doch als ein zu verstehendes Wesen zwischen diesen Kulturen gelten. Doch worum ging es bei ihm wirklich? Wollte er sagen, dass er eben auch nur ein Ausnahmemensch sei, als der er sich erst lange und umständlich erklären müsse? Dass er eigentlich gar keine Therapie, dafür aber ein intensives und anspruchsvolles Gespräch dringend brauche. Immer wieder musste ich bei seinen Schilderungen an Hesses Siddhartha denken, weil Shayan genauso über das einfache Leben und die Liebe zu den alltäglichen ‚Dingen' räsonierte, wie Vasudeva dies in Hesses Geschichte auch getan hat. Und wenn sie in ihren Fluss schauten, sahen sie beide, Vasudeva und Siddhartha, auch Gesichter und hörten Stimmen und fanden dies ganz normal oder sogar als Zeichen weiser Hellsichtigkeit. Und sie nahmen das alles todernst so wie es bei Shayan anscheinend auch der Fall war. Immerhin sprach er manchmal von den Lauten im Fluss und der Vision des Gurus mit einem philosophischen Unterton, sodass darüber ein gewisser Dialog möglich war. Er war kein Animist, aber vielleicht ein Gnostiker oder Eklektiker? Ich war weiterhin verunsichert.

„There are books in rivulets and sermons in stones",

zitierte er lächelnd seinen Babu, und beschwichtigte dessen Aussage als die eines eben sehr alten Mannes, was mich denken ließ, dass er diese Phänomene vielleicht doch als schönen Mythos, als religiöses Gedicht und nicht unbedingt total Wörtliches auffasste. Er konnte solche Sprüche also doch rational reflektieren, dachte ich mir. Für mich als Psychoanalytiker steckten darin aber auch Übertragungsphänomene. Die Bücher in den Flüssen und die Gespräche in den Steinen waren wohl die Reverien seiner Mutter, die Widerhall-Effekte in ihm hinterlassen hatten, und als deren weiterführender Gesprächspartner ich jetzt fungieren sollte. Die Psychoanalytikerin D. Birksted-Breen zeigte, dass Menschen, denen diese Fähigkeit zu Widerhalls-Effekten im Unbewussten fehlt, nicht träumen können und daher auch meist schwere Schlafstörungen und psychische Probleme haben. Hinter der Vision und den Anweisungen seines Gurus, dessen Namen Shayan mit Tulsi Sahib von Hathras angab.[24] Verbargen sich vielleicht die Gesichtszüge seines Vaters und anderer Familienangehöriger oder bedeutender Menschen aus seinem Umfeld, und so hallten deren Worte in ihm wider, deutete ich ihm schließlich.

„Woran können Sie wirklich erkennen, dass es sich um das Gesicht des Gurus handelt, den Sie nie gesehen haben?", fragte ich. „Die Gesichter Ihres Vaters, Ihrer

---

[24] Tulsi Sahib ist nicht zu verwechseln mit Tulsi Das, der im frühen Mittelalter das Mahabharata schrieb, das große Hindu-Epos, das Eingang in die Hindu-Bibel, die Bhagavadgita, fand.

Mutter und all der anderen in Ihrem Leben, könnten sie sich nicht da hineinmischen?" „Mein Gesicht" – sagte ich weiter zu ihm – „können Sie nicht sehen, da ich hinter der Couch sitze, auf der Sie liegen, aber vielleicht ist es gerade deswegen, dass Sie mir vom Gesicht Ihres Gurus erzählen, sozusagen um meines zu ergänzen. Zwischen Gesichtern gibt es eine spiegelnde Reziprozität. Manchmal erkennt man ein vertrautes Gesicht nicht mehr, dann wieder sind es fremde Gesichter, die einem vertraut vorkommen. Der Blick ins Gesicht der Mutter vermittelt die erste Identität, sodass schon das Zeigen zweier augengleicher Punkte auf einem Karton den Säugling zum Lächeln bringt."

Shayan akzeptierte diese Deutungen nur sehr zögerlich. Im Laufe etlicher Stunden hatte er mir von den Verhältnissen in Indien erzählt, die eben von den unseren hier so verschieden seien. Man sei dort viel planloser, aber heiterer gestimmt. Die Inder gehen persönlicher miteinander um, während im Westen unter den Menschen eine bestimmte Anonymität herrscht. So richtig mit eigenen, ihn ausschließlich selbst betreffenden Dingen wollte er immer noch nicht herausrücken. So waren wir bereits in der siebenundzwanzigsten Stunde angelangt, als wir über das Gesicht und dessen Spiegelungen sprachen, und Shayan rutschte auf der Couch hin und her und wand sich wie gequält von einer Seite zur anderen. Vielleicht waren wir jetzt doch bei einer Sache angelangt, die tief sitzen musste. Zu lange betrieb er dieses meditative Vorgehen und hatte sich möglicherweise eben doch in Spekulationen über indische Geistigkeit verstrickt.

Er erklärte mir, dass er bei seinen Meditationen ‚astrale', ‚mentale' und ‚kausale' Ebenen unterschied, wie ich es schon zu Beginn hinsichtlich einiger theoretischer Bemerkungen angedeutet habe. In den sogenannten ‚Astralebenen' des Yoga erscheinen die Dinge wie vorstrukturiert – eben geometrisch wie Sternbilder gezeichnet – und insbesondere ‚erscheint' auch hier der Yogalehrer selbst in dieser Stern-Zeichnungs-Form, womit der Anschluss an die psychische Realität gesucht wird. Lacan spricht hier von ‚realer Illusion', da eine präzise Geometrie die Verkennung stützt. Immerhin ist es eine Geometrie, also eine Wissenschaft, in der innere Spiegelungen nach konkreten Linien verlaufen, die man rekonstruieren kann.

So sagt man z. B. vom Traum, er sei „eine Lektüre im Spiegel". Es ist alles verdreht und verkehrt herum gestaltet, aber wie beim Rebus, beim Bild-Buchstaben-Rätsel, kann man nach längerer Deutungsarbeit den in Spiegelschrift geschriebenen Sinn herauslesen. Und so darf man sich alles Indische und Meditative nicht als zu fremdartig und konfus vorstellen, denn es geht nicht nur um Traumbilder, sondern eben um strukturierte und nicht nur halluzinierte bildliche Eingebungen. Strukturiert heißt hier nach geometrischen Vorgaben gemacht, wie es ja auch am Sternenhimmel so aussieht, als würden einzelne Sterne zu einer Figur, einem ‚Sternbild' in Form fast geometrischer Linien, zusammengehören. In diesem sogenannten ‚Astralen' existiert eine Punkt-zu-Punkt-, eine Pixel-zu-Pixel-Entsprechung, die dem Ganzen einen scheinbar geordneten und realen Aspekt verleiht. Ich hatte hier keine Schwierigkeiten, Shayan zu folgen, auch wenn es sich für uns moderne Wissenschaftler um ein eher künstlerisches, mystisches, frei manipuliertes Geschehen handelt, denn das ‚Astrale' ist auch eine Übertragungsform. Man könnte von Ur-Übertragung sprechen, also ersten Übertragungsformen, in der – wenn überhaupt – nicht nur Bedeutungen aus anderen oder früheren Beziehungen auf den Therapeuten übertragen werden, sondern ganze Ereignisse, scheinbar von vornherein klare, definitive und dennoch irrationale Bilder.

Auch der Psychoanalytiker taucht bei der Übertragung umgekehrt, nämlich bildhaft strukturiert, im Patienten wieder auf, er ‚erscheint' damit aber nicht wirklich und auch nicht ‚astral'. Präsent ist er eher als ein *‚Signifikant in Bewegung'* – wie Lacan dies nennt – also als wortbezogene Spiegelung, als ‚sprechender Niemand', als Gesicht, das in dieser oben genannten Reziprozität eigentlich einen Riss hat, das keine klare und vertraute Bedeutung wiedergibt, aber ein lösbares sprachbezogenes Rätsel ist. Als *Strahlt,* das *Spricht* und umgekehrt, als ‚*Strahlt/Spricht*' – hier kann ich wieder meine Definitionen verwenden. Die Bedeutungsbezogenheit des *Signifikanten* erzeugt eine Hin- und Herbewegung, ein Tasten, wer man selbst und wer der Therapeut denn nun wirklich ist. So entstehen zwar keine Sternbilder, aber Deutungsfiguren, Zeichen, Heraldiken für die Dinge, die im Spiel sind, kurz: *Signifikanten*-Kombinationen.

Ich bestätigte daher Shayan, dass ich verstünde, dass der Yogaübende durch seine ‚Astralebenen' die antizipierte Form einer Einheit erreicht, die insbesondere dann, wenn die Stern-Zeichnungs-Form des Lehrers ebenso zu ‚sprechen' beginnt, mit der Übertragung in der Psychoanalyse vergleichbar ist. „In welcher Form sehen Sie mich?", fragte ich Shayan somit, und er antwortete – wieder muss ich sagen – ‚natürlich':

„Ich sehe in Ihnen den Wissenden, den ich befragen muss, oder der aus meinen Schilderungen entnehmen kann, worum es bei mir geht."

„Nur als scheinbar Wissender", sagte ich, „habe ich diese ‚astrale', diese Stern-Zeichnungs-Form, die so intensiv ist wie man sich in die Sterne eines phantastischen Nachthimmels über der Wüste vertieft. Da kann man nämlich glauben, dass diese Zeichnungsform eine erhebende, tröstliche oder bestimmende Aussage hat! Aber der in dieser Art von Vision erfahrene Lehrer ‚*Spricht*' nicht wirklich, er bietet nur das Echo seiner üblichen Lehre, seines yogischen Diskurses oder einer bestimmten psychoanalytischen festgelegten Lehre an. Das eigentliche Wissen ist eines, das der Wahrheit dient, die sich zwischen Lehrer und Schüler entspinnt", beendete ich meine Deutung, während ich bei mir selbst noch dachte: Der Guru ist wie der nur sachliche und außerhalb der Übertragung agierende Therapeut lediglich eine Schallplatte, ein Hörbuch, allenfalls ein Film. „So etwas nennt man in der Psychoanalyse auch eine Übertragungsheilung", ergänzte ich noch. „Das heißt, solange man Bedeutungen auf den Therapeuten überträgt, weil man ihm Wissen oder dem Guru Allmacht unterstellt, solange kann man sich gestärkt und wohl fühlen, aber es ist nichts wirklich durchgearbeitet, nichts wirklich dahinter, nichts wirklich gefunden."

Shayan schwieg lange, und ich vermutete, vielleicht zu viel gesagt zu haben. Immerhin hatte er ja recht, dass man aus seinen Schilderungen entnehmen müsste, worum es bei ihm geht. Allein, dass man dem Psychoanalytiker alles erzählen kann, dass dieser es vorbehaltlos akzeptiert und vielleicht bisweilen nur eine Deutung des geäußerten Materials gibt, entsteht – so dachte ich weiter – ebenfalls noch keine wirkliche Heilung. Die Zusammenhänge werden nur so gedeutet, wie sie bewusst dargeboten und erinnert werden, und nicht so, wie sie in Bezug auf den Therapeuten als einem immer wieder wechselnden *Anderen* in der Geschichte oder Bezogenheiten des Patienten, des sich äußernden Subjekts, zu sehen und zu kommunizieren sind und damit wirkliche Übertragungsdeutungen werden.

Meine Deutung über das Gesicht, hinter dem sich wieder andere Gesichter spiegeln, so wie es Siddhartha und zum Schluss auch sein Freund Govinda erlebte, sollte vermitteln, dass hier der eigentliche Blick abgewehrt wird, der nämlich, der in die eigene Tiefe geht, gründlich-unergründlich, so wie es Freud von der Ur-Szene behauptet, dieses ersten bedeutsamen Blicks des Kleinkindes in die ganz persönliche, intime, aufregende Beziehung der Eltern beispielsweise.[25] Ich erzählte Shayan etwas von der

---

[25] Freud, S., GW Band X, S. 242 wo der Autor die Ur-Szene so beschreibt: ‚Die Beobachtung des Liebesverkehrs der Eltern ist ein

Ur-Szene, und er meinte, er könne sich erinnern, bei Freud darüber gelesen zu haben.

„Als Kind", sagte Shayan nach einiger Zeit, „hatte ich oft den gleichen Traum, der etwas mit der Tatsache zu tun hat, dass man Feldarbeiterinnen in Bengalen und anderswo Gesichtsmasken auf den Hinterkopf setzt, weil dann die Tiger sie nicht wie sonst so häufig von hinten angreifen würden. Tatsächlich hat diese Maßnahme oft geholfen. In meinem Traum aber erschien meine Mutter mit einer Tigermaske, wie man es mit Kindern gerne tut, um sie spielerisch zu erschrecken. Ich fing auch an zu lachen, doch als sie sich umdrehte, sah ich, dass sie wirklich ein Tiger war, und wachte in Panik auf. Ist das die Ur-Szene?"

„Hilft es Ihnen, das so zu sehen?", fragte ich Shayan.

„Ja, denn es gab den Tiger irgendwo in unserer Familie, vielleicht war es der Vater, vielleicht waren wir es alle zusammen", entgegnete er spontan und enthüllte so endlich einmal etwas aus seinem Innersten, sagte aber nichts weiter dazu. Ich hätte jetzt gerne etwas über den Vater und über die anderen Familienmitglieder gehört, zu denen ja auch noch Onkel, Tanten und Cousins und Cousinen zählten, aber Shayan begann wieder von dem gefährlichen Leben auf dem Land in Indien zu reden. „Der Blick in diese Ur-Szene ist nicht auszuhalten und erzeugt

---

selten vermisstes Stück aus dem Schatze unbewusster Phantasien, die man bei allen Neurotikern, wahrscheinlich bei allen Menschenkindern, durch die Analyse auffinden kann.'

große Angst, da das Kind völlig von ihr ausgeschlossen ist, obwohl sie intensiv und bedeutend erscheint", kommentierte ich noch unser Gespräch und war gleichzeitig wieder in Gedanken bei Hesse, der schrieb, wie in dem Moment, als Govinda Siddharthas Stirne küsste und in dessen Augen sah, das Gesicht Siddharthas völlig verschwand, und dafür Tausende andere auftauchten und wieder verschwanden, zeitlos und doch seiend mit dem ‚Lächeln der Einheit über den strömenden Gestaltungen, Lächeln der Gleichzeitigkeit über die tausend Geburten und Toden' und noch vielen anderen mythisch-mystischen Bekundungen.

Diese in sich kaleidoskopartig durcheinanderwirbelnden Figuren, Masken, Gesichter und Leiber finden sich mehrfach im Werk Hesses. Sie spiegeln die Synchronizität von Leben und Tod wider. Sie sind Hesses Tiger, doch uns erscheinen diese Fratzen und Gruselfiguren gar nicht mehr so gefährlich. Denn sie haben keine Aussage, nichts wirklich Definitives. Wir haben sogar den Teufel abgeschafft, der Jahrtausende lang solch ein Schreckensgespenst war, und auch die Engel zeigen immer nur so ein leicht blödes Lächeln, das nichts sagt. Trotzdem existieren sie. „Nicht dass ich nicht an die Engel glaube – jeder weiß es, ich glaube an sie unauslöschlich –, nur, ich glaube nicht, dass sie die geringste Botschaft für uns haben."[26] Eben, sie sagen nichts Konkretes, und damit sind sie mehr oder weniger bedeutungslos.

---

[26] Lacan, J., Seminaire XX, Ed. Du Seuil (1976) S. 24

Passt nicht dazu, dass auch Shayan den Blick seines Gurus schützend vor sich hält, um diesen Blick in die Ur-Szene nicht tun zu müssen? Jedenfalls erzeugte ein späteres, in diese Richtung gehendes Gespräch bei Shayan eine Wendung. Nun begann er endlich von den Blicken zu sprechen, um die es im Grunde genommen ging: Miras Blick und der seiner Geschwister, Eltern, Verwandten und anderer. Und er gestand auch, dass Miras Blick ihm Probleme mache. Er habe sie missbraucht, meinte er, er habe sie ausgenutzt, weil er dachte, eine ältere, erfahrene Frau sei für ihn wichtig. Bei den ganz jungen war er stets zu unsicher gewesen. Sie könnten ihn zurückweisen, wenn er mit sexuellen Wünschen käme, sie könnten ihn verachten. Er könnte vor ihrem Blick in ein Nichts zusammenschrumpfen. Sie seien noch ungestüm in ihren eigenen Auffassungen und Ansprüchen. Aber bei Mira war dies anders, ihr Blick war verständnisvoll, so als sei er für alles offen.

Aber jetzt verachte er sich, sagte er, weil er bemerkt habe, dass Miras Blick dem seiner Mutter ähnelt. Es ist der Blick der erfahrenen Frau, sagte er, der Blick, der alles zulässt, nicht verurteilt, der bedingungslos liebt, wenn auch nicht über die Maßen, nicht überleidenschaftlich, nicht fordernd. Er habe sich der wahren Leidenschaft nicht gestellt, nicht der sexuellen Leidenschaft, sondern der füreinander, meinte Shayan zum Ende dieser Sitzung, die inzwischen die fünfundfünfzigste war. Damit waren wir allerdings immer noch nicht sehr weit gekommen. Nach wie vor pflegte Shayan seine Meditationen, wenn auch jetzt das Gesicht des Gurus manchmal ausblieb und ihm andere Gedanken zu seinem bisherigen Leben kamen.

Die Mutter blieb in seinen Schilderungen jedoch weiterhin eine Art gute Fee, eher bedeutungsarm, klischeehaft. Sie fand ihren Sohn Shayan einfach immer nur ‚goldig', ‚gut' oder ‚süß', auch als er schon in der Pubertät war, in der ein Junge von derartigen Zuschreibungen nichts mehr wissen will. Auch ohne den Blick in die Urszene heranziehen zu müssen, weil er ja doch nie ganz gelingen kann, ist der Blick in die Augen der Mutter ein starkes psychisches Objekt, dem man gut und gerne ein ‚Es *Strahlt*' zuordnen könnte. Das ihm gegenüberstehende ‚Es *Spricht*' kommt vielleicht nicht nur bei den Engeln zu kurz, sondern fiel auch bei Shayans Mutter nicht differenziert genug aus, und wurde von seinem Vater nicht genug ergänzt. Ich will dazu kurz noch ein paar Bemerkungen machen.

Der Mensch ist ein vom Instinkt befreites Lebewesen. Nicht mehr ein Selbsterhaltungsinstinkt und auch kein Fortpflanzungsinstinkt regulieren sein Verhalten, sondern frei gewordene Triebkräfte. Lacan hat – wie schon eingangs erwähnt – das Trieb-Struktur-Konzept Freuds etwas umformuliert. Er betrachtete den bereits von Freud so genannten Wahrnehmungs- bzw. Schautrieb (von mir also verkürzt ein ‚*Strahlt*' genannt) als den einen der Grund-Trieb-Kräfte und stellte diesem einen Entäußerungs- bzw. Sprechtrieb zur Seite (dem ‚*Spricht*') – in einem Zu- und Gegeneinander. Denn diese Kräfte verbinden sich in den besagten *Signifikanten*ketten. Andersherum gesagt: „Entwicklungsgeschichtlich steht die Überwältigung durch Körperempfindungen am Anfang der Beziehung zu einem selbst."[27] Das menschliche Neugeborene hat noch keinen ausreichenden Reizschutz, sodass Umweltreize überwältigend wirken.

Ich habe dies schon als allgemeines Kindheitstrauma erwähnt. Erst mit Hilfe des primären Objekts (meist eben der Mutter) entsteht ein Ich. Freilich muss man sich fragen: Was wird dann eigentlich überwältigt, wenn ein Ich noch gar nicht da ist? Ich würde es so ausdrücken: Das Tier kann sein primäres Objekt noch selbst finden, der Mensch muss es rufen. Das neugeborene Tier schreit aus Hunger, aber das Menschenkind schreit appellativ nach dem *Anderen*. Ich gehe so weit zu sagen, dass das, was überwältigt worden ist, dieses ‚*Spricht*', der Sprech-Entäußerungstrieb, der appellative Anspruch ist. Der Mensch ist süchtig nach bestätigenden Worten.

Das Kind wird geliebt, aber irgendetwas erstickt schon früh in ihm, das ganz im Sinne dieses ‚*Spricht*' auch ein ursprüngliches Sublimierungsbestreben ist. Dem steht also das ‚*Strahlt*' gegenüber, der Wahrnehmungs-, Schau-, Faszinierungstrieb, der den Menschen immer wieder ins Lusterleben hineinzieht. Überwältigt wird dann beim noch unreifen Menschenkind diese erste Kombination der Triebe, die – vom Instinkt befreit – noch keine sichere und stabile Kombination darstellt. Genau dies konnte ich bei Shayan und Hesse wiederfinden.

---

[27] Focke, I., PSYCHE Nr. 9/10 (2015) S. 862

Sie haben eine sichere und klare und auch im Sinne moderner wissenschaftlicher Kriterien fundierte Kombination nicht gefunden, wobei Hesse hier um einiges besser abschneidet als Shayan, der seinen Weg noch vor sich hatte.

Aber vielleicht sind beide nicht so besessen nach wissenschaftlicher Begründung. Wenn ich meine Wissenschaft in einen Roman zu verpacken suche, wird vielleicht auch etwas herauskommen, das schwer dem mehr schriftstellerischen und gleichzeitig auch dem wissenschaftlichen Feld zuzuordnen ist. Aber es wird genau das sein, was heute nötiger denn je ist, wo wir so sehr von Informationen überflutet werden, ohne zu wissen, welche wirklich relevant und wichtig sind.

5. Doppelblick und Echo-Diskurs

Neben dem ‚Siddhartha' konnte ich in der Behandlung Shayans auch ideal Hesses ‚Narziss und Goldmund' als Paralleldiskurs heranziehen. Denn in diesem Werk Hesses geht es ständig um den Blick der Mutter. Während es sich bei Shayan um den spielerischen Feenblick und den aggressiven Hexenblick handelte, was typisch für Dritte-Welt-Kulturen ist, geht es bei Hesse um den Blick der zärtlichen, wärmenden, aber auch der verführerischen Mutter. Ein früherer Patient von mir sagte einmal: „Wir haben alle zwei Mütter, die normale, gute und herzenswarme Mutter und die interessante Mutter. Letztere ist es natürlich, die dem Knaben im Sinne des Ödipuskomplexes (typisch für unsere westliche Kultur) Probleme macht, denn es geht um die Frau, die die Mutter interessant macht, so auch für Goldmund. Die Mutter hat ihn ursprünglich verlassen, sie hatte sich sinnenfroh weltlichen Abenteuern zugewandt. Ihr wärmender Blick war einem sprühend lüsternen Blick gewichen. Das Gleiche, nämlich sich der Sinnlichkeit zuzuwenden, tut nun auch Goldmund, doch Mutters Gesicht verfolgt ihn und treibt ihn zum Ende zu dem asketischen Novizen Narziss ins Kloster zurück, wo die Freundschaftsbeziehung von Narziss und Goldmund einmal begonnen hatte.

Wie so oft in Hesses Werk sind die beiden Freunde totale Gegensätze im Sinne des schon bekannten und für Hesse charakteristischen Sinnlich/Geistigen. Und doch sind die beiden Freunde fast bis zur Homophilie einander zugetan. Narziss ist der strenggläubige Novize im Kloster, aber sein Name soll andeuten, dass es auch ein gutes Stück Eigenliebe ist, in der er sich als theologisch Wissender spiegelt. Es ist eine Eigenliebe, die gut auch zu der Gesichtsvision von Shayans Guru passt, denn dieses Gesicht stellt auch eine narzisstische Spiegelung von Shayan selbst dar.[28] Doch Hesse macht es hier mit der Namensgebung ganz richtig. Das narzisstische Gesicht bekommt nicht Goldmund, der ein sinnesfrohes, aber auch gewalttätiges und abenteuerliches Leben führt, sondern sein sonst mit perfekter Lebenseinsicht gestalteter Freund, der Klosternovize Narziss. Hinter der perfekten Fassade des Frommen steckt eben noch ein gutes Stück unbewusster Strebungen, ja geradezu die gegenbildliche Karikatur, und deswegen nennt Hesse ihn eben ‚Narziss‘, der sich in der spiegelnden Entfaltung religiöser Motive und heiliger Gestalten liebt, die wiederum an Hesses eigene bigotte Mutter erinnern.

Ähnlich zutreffend, aber andersherum und paradox gestaltet, verhält es sich mit der Bezeichnung ‚Goldmund‘, ein Name, der aus dem Altgriechischen Chrysostomos stammt und wohl den goldenen Mund von Märchenerzählern, religiösen Schwärmern und philosophischen Rednern meint. Hesses Goldmund ist jedoch der Filou, der sein Leben nicht in den Griff bekommt, er hat für alles nur erstaunliche Sprüche übrig, sein ganzes Dasein

---

[28] Der Mutterblick bei Shayan (Faszinosum und Tiger) spielt hier nicht die zu Goldmund vergleichbare Rolle, bei Shayan ist der narzisstische Doppelblick mehr beim Vater zu finden, wozu ich noch Stellung nehmen will.

samt seiner Fehler und wilden Ereignisse kleidet er aber so vielleicht doch noch gerade so eben in ein goldenes, gefälliges Narrativ. Damit ist letztlich er es und nicht der Novize, der wesentliche Sätze sagt. So trifft Goldmund gegen Ende der Erzählung zufällig – wie so oft bei Hesse – wieder auf seinen Freund Narziss, der ihn vor dem Hinrichtungstod bewahren kann, zu dem er wohl auch zu Unrecht verurteilt worden war. Nun blieben die beiden erneut im Kloster zusammen, bis Goldmund kurz vor seinem Tod den erstaunlichsten Satz des ganzen Buches sagt: „Ohne Mutter kann man nicht lieben und ohne Mutter kann man auch nicht sterben."

Ein wahrhaft ‚goldmundiger' Satz. Dass man ohne Mutter nicht lieben kann, leuchtet jedermann sicher sofort ein, auch wenn es sich nur um die anfängliche Warmherzigkeits- und Bindungsliebe handelt, aber dass auch das Sterben ohne sie nicht gelingen soll, ist eine Hessesche Spezialität. Das Zurück zur Mutterbrust und ihr gleichzeitig doppelter Blick (schützend und verführend oder liebend und verfolgend wie bei Goldmund) kommen im Werk Hesses öfter vor, und es ist ganz ersichtlich, dass Hesse hier psychoanalytisches Gedankengut auch aus seiner eigenen Geschichte mit einflechten wollte. Er hat es mit seiner eigenen Mutter so erlebt, die für ihren Sohn und für dessen in viele Richtungen strebenden Geist eigentlich kein Verständnis hatte. Sie hätte einen braven Sohn, einen priesterlichen Mann gewollt. „Sterben war unausdenkliche Wonne", schreibt Hesse in seinem Buch ‚Der schwere Weg'. Und weiter: „Hierbleiben namenlose Pein . . . ich fiel, stürzte . . schoss selig und vor Qual und

Wonne zuckend durchs Unendliche hinabwärts, an die Brust der Mutter."[29] Diese Brust nennen die Psychoanalytiker auch das psychische ‚Primärobjekt', dem man so gern – auch im Doppelblick – verhaftet bleibt, obwohl es – wie vorhin erklärt – anfänglich nur zur Ichbildung nötig war.

Das Zurückstürzen an die Brust der Mutter klingt nicht nach einer Lösung, sondern eher nach einer direkten Regression, einer Rückkehr zur wilden Sinnlichkeit und den primären, oralen Lüsten, aber auch zu einem fast inzestuösen Urzustand, dem Hesse dann stets die Imago des christlich Religiösen gegenüberstellen musste, um ein Gleichgewicht wiederherzustellen: so im Buch ‚Unterm Rad' dargestellt durch den Direktor der Klosterschule in Maulbronn und vermittelt im ‚Siddhartha' als Govinda und Vasudeva. Und sodann als ‚Narziss und Goldmund' inkarniert im Novizen und Abt und schließlich als Ordensleiter Magister Ludi Knecht und dessen Zögling Tito im ‚Glasperlenspiel' (Tito ist der Junge, der vor dem Meister ins kalte Wasser springt und munter davonschwimmt, während der Alte, wie schon zitiert, an dem Kälteschock stirbt).

Ein Zurück zum Urzustand der Mutter-Kind-Dyade deutet gerade nicht auf ein gelungenes Sterben hin, sondern auf ein Steckengeblieben-Sein, auf ein sich im Autoerotismus schließenden Kreis, auf den Zustand des sich verkennenden Helden. Es ist der Held, der immer wieder-

---

[29] Hesse, H., Der schwere Weg, WA, Bd. 6, S. 72-73

geboren werden muss, anstatt dass er alle Geburten und Tode überwindet. So hat man uns doch schon in der Schule den Tod Siegfrieds im Nibelungenlied erklärt: Der im Narzissmus, im Mutter-Kindlichen-Verschmelzungswahn sterbende Held ist nicht die weiterführende Fortschrittsfigur. Diese würde viel eher durch Hagen von Tronje verkörpert, der treu zum König und zum Volk der Nibelungen steht und nichts übrig hat für die Schwulstgeschichte von Kriemhild und Siegfried. Aber so ganz glaubten wir das damals nicht. Hagen war doch ein starrer Typ, auch voll Eifersucht, da Siegfried vor ihm die Königin Brünhild entjungferte und sie dann auch noch trickreich mit König Gunther vermählte. Siegfried war für uns eine wohl zu sehr positiv gezeichnete Gestalt, und nur mit Mühe konnten wir den trocken-nüchternen Hagen von Tronje akzeptieren. Doch zurück zu diesem doppelten, guten und bösen Blick der Mutter, der in seiner Dialektik auch den Ödipuskomplex Freuds andersherum ausdrückt.

Zwar ist es nichts Neues, dass in allen alten Märchen die Stiefmutter immer die Schattenseite der eigenen Mutter darstellte, diese liebeslüsterne und verfolgende Muttergestalt, die Hexenmutter, Griechenlands Kybele, die Ishtar der altorientalischen Kulturen und Indiens Kali wie bei Shayan. ‚Fass die Mutter nicht an', lautete die Vaterstimme gegenüber dem ödipal begehrenden Knaben, aber auch zur Frau: ‚Friss die Kleinen nicht auf'! Auf all diese Dinge wollte ich nach der fünfundfünfzigsten Stunde eingehen, denn dieser Mutterkomplex Shayans war jetzt doch deutlich sichtbar geworden und bedurfte weiterer

Erhellungen. Nunmehr hatte ich doch dieses ganze Blick-Einmaleins in der Hand, um Shayan all die frühen Bedeutungsspiegelungen nahezubringen.

Shayan hatte lange genug im Westen gelebt und war mit einer naturwissenschaftlichen Ausbildung und Arbeit bis heute beschäftigt. Er konnte sich also westlicher Rationalität nicht mehr entziehen. Und so nannte er seine Erfahrungen „nur eine übliche religiöse Einstellung wie sie tausende andere eben in anderer Form haben, und nicht eine magische Überzeugung." Mit anderen Worten: Er glaubte, dass die Vision seines Gurus nur eine andere Art der Lebensauffassung war, ja ganz einfach eine andere Art des Denkens. Während er also wie selbstverständlich von einer authentischen Vision sprach, relativierte er im Folgenden die Auffassung, dass so etwas einer göttlichen Offenbarung gleichkäme. Aber was war es dann?

„Eine Vision", sagte er, „ist doch keine Halluzination, hinter der ja ein unbewusster Wunsch steckt. Im Gegenteil, wenn alle Wünsche abgefallen sind, enthüllt sich der Guru, der *Andere* – wie Sie sagen – von selbst."

Jetzt fiel mir wieder Cremerius ein, der die starke konfessionelle Haltung Hesses herausgestellt hat, womit dieser die Freud'sche Analyse nicht hätte adäquat aufgreifen können. Ich habe mich dagegen gewehrt, weil Hesse in den vielen Jahren gegen Ende seines Lebens nach den Aussagen fast aller Zeitgenossen ein so geläuterter und weiser Mensch geworden war. Herr Cremerius hat diesen Zustand nicht erreicht, vielleicht plagt ihn der Neid. Aber egal, ich spürte jedenfalls bei Shayan eine derartige

Schranke, tiefe, von gemeinem Begehren durchdrungene Komplexe nicht anschauen zu wollen und mich unter seinem Jamunabaum zu locken. Nach einigen weiteren Sitzungen kamen wir jedoch dahin, zu eruieren, was denn der Guru in seinem Inneren ihm zuflüstere oder sage.

Und tatsächlich kam das zustande, was ich weiter oben schon mit dem Echodiskurs des Yogis, der Schallplatte oder der sich wiederholenden Rezitationen des Meditationslehrers beschrieben habe. Der Guru muntere ihn auf, belehre ihn, berichtete Shayan, aber immer mit den gleichen Worten, dem gleichen Gehabe, der gleichen Lehre weiterzumachen. Es findet somit kein wirkliches, originäres, authentisches oder gar psychoanalytisches Gespräch statt, dachte ich, ohne Shayan davon etwas zu sagen. Der Guru wiederholt nur seine guten Ratschläge, wie es zu Hause der Vater und mehr noch Babu auch schon getan hat, selbst wenn die Ratschläge und Belehrungen jetzt mehr auf das allgemeine Seelenheil gerichtet waren.

Freilich war es etwas anderes, wenn ohne einen mystischen Hintergrund eine scheinbar weise und berühmte Gestalt im eigenen Inneren seine Auffassungen verkündet, und man auf diese mit rationalen Argumenten reagieren kann. Eine Geschichte der Heiligen Teresa von Ávila beweist dies. Als sie mit ihrem Wagen bei der Durchquerung eines Flusses verunglückte und sich noch gerade schwimmend retten konnte, hörte sie nämlich seine Stimme vom Himmel sagen: „So behandle ich meine Freunde"! Worauf die Heilige allerdings – gewitzt wie sie war – antwortete: „Deswegen hast Du auch so wenige"! Diese Art vom Humor zeigte, dass die Stimme nicht von Christus kam, der doch stets positive, aufmunternde und im äußersten Fall mahnende Worte sprach. Solch eine sarkastische und höhnische Bemerkung konnte nur vom eigenen *Anderen* kommen, vom Unbewussten, und ich glaube, die Heilige Teresa von Ávila hat das in etwa auch so gedeutet. Doch gerade dies konnte Shayan nicht, nämlich seinem Guru Konter geben, ihn auch einmal diskreditieren oder anfrotzeln.

Der Guru ist nicht der große *Andere*, der nicht existiert, aber der weiß! Der *Andere* als solcher ist Knotenpunkt alles Wort-Wirklichen und aller *Signifikanten*, entgegnete ich auf Shayans Äußerungen. Diesmal fragte ich Shayan direkt, ob er das Buch ‚Siddhartha' von Hermann Hesse kenne, denn was das Gesicht des Gurus ihm in der Meditation mitteilte, ließ sich wieder gut mit den Belehrungen des Gautama sowie Vasudevas vergleichen. Es waren die Ratschläge zu einfachem Leben, zu Unabhängigkeit und zur Überwindung niedriger Wünsche und Gedanken. Ja, sagte Shayan, er kenne das Buch. Es sei auch in Indien sehr beliebt, und er meine, dass die Romanfigur des Siddhartha auch seinem Ideal entspräche. Natürlich könne man heutzutage nicht mehr in den Dschungel zurückkehren und nur dem Rauschen und den Klängen des Flusses zuhören, meinte er. Heute müsse man arbeiten, meditieren, den Ernst des Lebens kennen und die Menschen und die Dinge lieben. Die Figur des Siddhartha hätte er aber großartig gefunden.

Er sei ein Pflanzennarr, ergänzte er seine Bemerkungen weiter, und er sammle auch schöne Steine aus den verschiedensten Flüssen oder Stränden. Er liebe die einfachen Heilmethoden durch Naturmedikamente. In Indien hat man Verletzungen damit behandelt, dass man Seide über der Wunde verbrannte. Die verkohlten Reste saugten das Wundsekret auf und machten es steril. Diese subtile und natürliche Art, mit den Dingen umzugehen, liebe er besonders, schwärmte er. Aber er versicherte auch, sich nicht in ausweglosen Idealen zu verlieren. Doch wenn es nicht Ideale waren, hat es sich nicht vielleicht um übertriebene Romantizismen gehandelt?

So etwas würde mich nämlich an das Buch ‚Kim' von R. Kipling erinnern, der lange vor Hesse Indien liebte und auch einen Nobelpreis bekam, allerdings für die Dschungelbücher. Doch das zuerst veröffentlichte Buch ‚Kim' war ebenfalls so ein schwärmerisch gehaltener Bestseller, der wie im ‚Siddhartha' von einem idealisierten Jugendlichen in Indien handelte. Auch in Kiplings ‚Kim' wurde der Zwiespalt zwischen dem jungenhaften Abenteurer und einem weisen buddhistischen Lama beschrieben, und auch hier lobten damals Kritiker, dass in diesem Buch „die tiefsten Gegensätze der Menschenseele . . . überleuchtet sind von etwas Höherem . . . . Das Lächeln der Seele glänzt in ‚Kim'."[30] Für uns heute jedoch wirkt das Werk wie ein schwülstiges Märchen, ähnlich wie Hesses ‚Siddhartha', wenn ich mich weiterhin so kritisch

---

[30] Kipling, R., GW, Bd. 1, Dt. Buchgesellschaft (1965) Einführung von H. Reisinger, S. 40

äußern darf, obwohl einige Punkte, wie etwa der Trotz gegen den Vater und die Zurückweisung Buddhas, literarischen Wert besitzen.

Man hat Kipling immer vorgeworfen, dass er Partei genommen hatte für den britischen Imperialismus und zu sehr den ‚fairy tales' angehangen habe; Eigenschaften, mit denen er weder die Seele Indiens wirklich erfassen und schon gar nicht den Gegensatz von Ost und West überbrücken konnte (und wohl auch nicht wollte). Ich musste vorerst Shayans Liebe und sein Verhaftetsein an dieses mythische Denken respektieren. Wer einmal so richtig eingestiegen ist in das Leben und Wirken indischer Heiliger und Yogis, wird diese Faszination nicht so leicht überwinden. Ich habe – wie erwähnt – diese Einstellung ‚Ur-Übertragung' genannt, also eine besonders archaische Form der üblichen Übertragung, die man nicht mehr so leicht los wird und die eben außerhalb des analytischen Settings stattfindet (man spricht diesbezüglich auch von ‚wilder Psychoanalyse').

Es folgten bei Shayan wieder Erzählungen über das Wesen der asiatischen Philosophien, über das unteilbare Ganze und das Aufgehen in der letztlichen Einheit. Doch als Shayan merkte, dass ich ihn reden ließ und wohl auf irgendetwas anderes, vielleicht gar nichts Bestimmtes wartete, begann er etwas Neues von den Eltern und von Mira zu sagen. Er sei glücklich mit seiner Herkunftsfamilie gewesen bis etwa zum zwölften, dreizehnten Lebensjahr. Doch dann habe er das Unglücklichsein der Eltern erkannt. Es sei ein Schock gewesen, dass diese scheinbar so großen und welterfahrenen Personen auch depressiv, verstört und unglücklich seien. Ich habe dies schon angedeutet, als ich schrieb, dass die Eltern, diese frühen *Anderen*, selbst noch unreif sind und unberechenbare Regungen in sich enthalten. Aber eigentlich hat man es immer schon gewusst und nur urverdrängt, wie Freud es nannte.

Selbst als Mitglied seines Clans fand Shayan in sich somit keinen richtigen Halt mehr. Er erzählte mir dazu einige Details. Die Mutter sei wohl frömmelnd und scheinheilig gewesen, habe ständig irgendwelche Blumenarrangements in die Tempel und Sachspenden zu den Armen im Dorf gebracht, aber zu Hause sei sie verschlossen und oft missmutig gewesen. Shayan konnte die problematische Ehe seiner Eltern erkennen, wenn er auch bis heute nicht wissen würde, warum sie so war. Er selbst sei zwar Mutters Liebling gewesen, wenn er sie angelächelt habe, konnte er alles bekommen. Aber gleichzeitig war sie Shayan gegenüber wie fremd, nicht ernsthaft genug, wie ich es ja mit den Ausdrücken ‚goldig‘ und ‚süß‘ zitiert habe. Demgegenüber war der Vater meist grundsätzlich abweisend, hart und unnahbar.

Es gibt wohl kaum ein Lehrbuch der Psychologie, in dem nicht steht, dass das Kind spätestens mit drei Monaten das sogenannte ‚soziale Lächeln‘ zeigen müsse, wenn es die Augen und das Gesicht seiner Bezugspersonen wahrnähme. Ein Mangel dieses Lächelns würde einen deutlichen psycho-sozialen Defekt anzeigen. Diese ‚Augensprache‘ hat wohl bei Shayan toll funktioniert, denn man konnte auch jetzt noch etwas davon nachempfinden, wenn er zur Türe hereinkam. Aber ich hatte stets auch das Gefühl, dass er sich zu früh der Wirkung dieses ‚sozialen Lächelns' bewusst war. Was und wie er mir die Beziehung zur Mutter schilderte, ließ mich denken, dass das ‚soziale Lächeln' auch schlitzohrig, ja grausam sein kann. Es kann Menschen verunsichern, verstören und verschlingen. So ein Lächeln könnte auch töten, dachte ich mir.

„Ja, meine Mutter sagte oft: Lächle nicht so durchdringend", ergänzte Shayan meine Gedanken, „du machst mich krank und hilflos." Shayan konnte sie also um den Finger wickeln, und dies versuchte er später wohl auch bei anderen Frauen. So auch bei Mira, die er an sich gebunden hatte. Er besuche sie oft, erzählte er, und er brauche sie auch jetzt noch, obwohl er doch die andere Frau, Sandra, kennengelernt habe, die nahe bei ihm wohne und mit der er auch Sex habe. Aber Mira mache ihm trotz ihres zunehmend kritischeren Blicks keinen Vorwurf, dass er sich ihr nicht deutlicher erkläre und keine Planungen für die Zukunft mit ihr mache. Sie habe akzeptiert, dass sie beide keine gemeinsame Familie mehr gründen würden, aber doch in Liebe und Freundschaft verbunden blieben. Es sah wirklich so aus, als ginge Shayan ‚sozial lächelnd' durch die Welt, ohne dabei viel auf die Gefühle anderer achten zu müssen.

„Aber ist diese Version", interpretierte ich, „wie Sie jetzt mit Mira umgehen, nicht die gleiche, wie sie Ihre Eltern lebten? Das Mürrischsein und die Missmut der Eltern zeigten doch an, dass von den Eltern jeder in seiner eigenen Welt lebte. Die Mutter blieb einfach missmutig stumm und ließ alles geschehen und vertraute auf die Gnade der hinduistischen Götter. So blieben die Eltern zwar zusammen, hatten aber nichts miteinander zu tun und sich nichts mitzuteilen. Wiederholen Sie nicht das Unglücklichsein in anderer Form? Ich kann mir nicht vorstellen, dass Mira glücklich ist und Sie sind es ja auch nicht." Dass er wohl niemand glücklich mache, erwähnte ich freilich nicht.

„Aber wir lieben uns trotzdem noch und haben eine gute Beziehung", entgegnete Shayan fast empört. Mit allen möglichen Argumenten versuchte er, seine Verbindungen zu den Menschen, die er kannte, als zwar nicht optimal, aber doch positiv darzustellen. Und sofort war er wieder bei seinem Guru und dem Einswerden mit dessen Augen und Gesicht, was wie ein Rausch sei, wie ein Höhenflug. Und so erzählte er mir dann auch noch alle möglichen Details über das, was dieser Guru zudem noch in seinen Büchern geschrieben habe, dass er sich auf die Grundlagen der Veden beziehe und auf den Yogi und Philosophen Shankara und dessen Advaita-Vedanta, das Einheitsprinzip.

Solche Aussagen waren nun wirklich eine schwere Kost für mich, denn nichts widerspricht der Psychoanalyse mehr als ein Einheitsprinzip, ein Ad (= nicht), Vaita (= zwei, also geteilt), eine Nicht-Zweiheit. Für uns dagegen sind die Spaltung, die Teilung, der grundsätzliche Mangel, das Wesen des Menschen, des ‚tragischen Menschen', wie es auch Cremerius artikulierte. Sicher, ich hatte mich gegen die Betonung des ‚Tragischen' gewehrt und gemeint, dass es leicht als Pessimistisches missverstanden werden kann. Aber wenn jemand seine Konfliktkonstellationen nicht sehen will, ist das in einem gewissen Maße tatsächlich tragisch. Wir befanden uns jetzt in der neunundachtzigsten Sitzung und waren wohl immer noch nicht zum Kern der Beziehungsstörungen vorgedrungen.

„Ihre Beziehung zum Guru ist sehr intim, sehr innig, wenn sie sogar bis zu Assimilierungserlebnissen geht", sagte ich zu Shayan. „Auch dies lässt mich wieder an Hesses Siddhartha denken. Seine Beziehung zum Freund Govinda und später zu Vasudeva hatten einen ähnlichen Charakter. Siddhartha und Govinda umarmen und küssen sich und als sie sich getrennt hatten, hatte Siddhartha einen Traum. Govinda fragt ihn ganz traurig, warum er ihn verlassen hat. „Da", so schreibt Hesse, „umarmte er Govinda, schlang seine Arme um ihn, und indem er ihn an seine Brust zog und küßte" – und nunmehr kommt eine eigenartige Wendung im Traum zustande: „Indem er ihn küßte, war es nicht mehr Govinda, sondern ein Weib, und aus des Weibes Gewand quoll eine volle Brust, an der lag Siddhartha und trank . . ."

„Ich glaube, man muss kein Psychoanalytiker sein, um diesen Traum zu deuten", sagte ich zu Shayan. Siddharthas Begehrensobjekt war immer noch die Mutterbrust, Hesse ergießt sich sogar melodramatisch über die „stark und süß schmeckte die Milch dieser Brust." Hier geht es also um ausgeprägte infantile Triebaspekte. Eine Regression zu infantil assimilierenden Begehren ist sichtbar, sowie auch der Zusammenhang mit anderen Begehrensobjekten. Ist das Begehren, den Guru zu assimilieren, nicht auch etwas Unvollständiges, das vielleicht ein wenig aufgefangen wird, wenn der Guru spricht, wenn er an seine Lehre erinnert. Einerseits ist er ein Mann und dann wieder eine Mutter. Vielleicht ersetzt er sogar noch die Frau, dachte ich mir im Stillen, denn ausgesprochen hätte das Shayan zu sehr erschreckt.

Shayan stimmte mir zu und wir kamen endlich auf all die frühen Kindheitserfahrungen zu sprechen, die für seine Beschwerden ausschlaggebend waren. Er akzeptierte die Erklärung, die ich ihm im weiteren Gesprächsverlauf gab, dass er seine Beziehungsenergie von Mira abgezogen und in verstärkte Meditationen gesteckt und auch in der Verbindung zu Sandra Potenzprobleme bekommen habe. Ich konnte ihm auch die schlechte Beziehung zu seinem Vater mithilfe des Ödipuskomplexes interpretieren. Er wollte doch anscheinend immer die Frau eines anderen haben, als Kind nicht nur die Mutter, sondern später auch Mira, die zur Zeit ihres Kennenlernens noch mit einem anderen Mann zusammen war. Auch sie hatte durch die Verbindung zu Shayan diese Beziehung annulliert. Und Sandra, die neue Geliebte, war ebenso wieder nicht allein, wenn auch nicht verheiratet und ohne Kinder. Sie lebte mit einer Freundin und deren Mann zusammen.

Hesses Siddhartha war lange ein Kind gewesen, das jetzt

zum ersten Mal von einer Frau träumte, die starke mütterliche Züge hatte und die ihn ins orale Stadium zurückbeförderte. Hesse hatte aus Govinda einen Säugling gemacht. Auch die homoerotische Beziehung zwischen Siddhartha und Govinda war deutlich zu sehen und vielleicht auch Hesse selbst nicht bewusst. Shayan war ein neurotischer Mann, der nicht wusste, was er – außer Sex und Mütterlichkeit – eigentlich wollte. Ich verstärkte meine Deutung von dem Verhältnis des Begehrensobjektes (das Lacan klein „a" nennt[31]) zur sprachlichen Kompetenz des „A", des *Anderen*, den der Psychoanalytiker ja in der Sitzung repräsentiert, sodass ich Shayan noch Folgendes erzählte:

„Nicht nur die indischen, auch die christlichen Mystiker berichten von derartigen Visionen, die diesen seltsamen Transgender- bzw. Geschlechtsverwandlungs-Charakter haben. Hesses Siddhartha und Govinda, aber noch mehr Narziss und Goldmund lieben und küssen sich fast homoerotisch, aber dann läuft Goldmund zig Frauen hinterher, bis er wieder bei seinem asketischen Freund landet und von der Mutter deliriert. Auch der spanische Mystiker Juan de la Cruz, den Sie doch erwähnt haben, schreibt in seinem bekannten Gedicht ‚Die dunkle Nacht der

---

[31] Das Begehrensobjekt, wie es etwa die Mutterbrust darstellt, stellt Lacan auf die Stufe des anderen (klein geschrieben als „a"), weil der ‚kleine andere', der auf der Ebene meinesgleichen ist, sich voll unterscheidet von „A", dem bedeutenden *Anderen*. Das/der „a"ndere kann man auch dem von mir bevorzugten ‚Strahlt' gleichsetzen, während „A" das ‚Spricht' ist.

Seele', wie er in der Meditation zuerst seine Geliebte umarmt, die sich dann plötzlich in einen jungen Mann verwandelt. Freilich will er unter dem jungen Mann Christus verstanden wissen, aber die Schilderung klingt doch sehr nach intim-transerotischer Beziehung".

„Dieses Verwandlungsthema von Frau in Mann und umgekehrt spielt bei Hesse eine gewisse Rolle. Aber auch in den modernen Transgenderdiskussionen geht es darum, wobei klar geworden ist, dass der zur Genderumwandlung drängende Mensch in seinem bisherigen Geschlecht keine Norm, keine Normativität, keine bestätigende Anerkennung gefunden hat.[32] Nun glaubt er in der neuen Gestalt, in der umgewandelten Form und deren Wesen genau diese Norm besser erreichen zu können. Freud geht zwar von einer elementaren bisexuellen Anlage jedes Menschen aus, wobei schon im Laufe des Kindesalters eine Seite favorisiert wird und sich im psycho-sexuellen Bereich etabliert, die andere aber meist erfolgreich verdrängt wird. Beim Neurotiker bleibt sie latent erhalten, aber die erfolgreiche Verdrängung muss kein pathologischer Vorgang sein. So sind z. B. die Hijras in Indien nach unserer Auffassung transsexuell. Sie verdrängen erfolgreich oder durch äußere Kastration ihre Sexualität, und selbst wenn sie sich oder von Soziologen als ‚Transgender' eingestuft werden, sind sie genau genommen eben Hijras, eine eigene Gruppe, ein fester, auch durch einen Guru zusammen gehaltener Clan. Wir haben im

---

[32] Schachl, T., Transsexuell, eine sichtbare Bewegung ins Unsichtbare, Profil (1997)

Westen keine derartige Organisation mehr, wie es früher z. B. die Wahrsagerinnen und Schamanen waren."

Shayan unterbrach mich und sagte, er habe die Hijras immer als sympathisch empfunden. Sie seien in der indischen Gesellschaft auch wichtig, weil sie ihren Zauber bei Geburten und Hochzeiten durch Gesang und Tanz zelebrieren, wofür man ihnen Geld gibt. Sie haben eine ‚spirituelle' Einstellung, aber es gibt auch skurrile Gestalten unter ihnen. Er könne sich in sie nicht hineinversetzen, schloss Shayan. Bei uns – so würde ich ergänzen – müssen die Transsexuellen etliche Hormone schlucken und sich operieren lassen, aber auch so, sind sie keine gesellschaftlich wichtige Gruppe, die eine Aufgabe hat. Sie müssen, wie gesagt, alleine sehen, wie sie ihre ‚Norm' finden. Auch Hesses Männer verhalten sich oft so, dass das Böse eine Sinnlichkeit ist, die keine Lösung findet, es sei denn, man verwandelt sie in Frauen. Sie sind wie die vereinsamten Männer, die sich – sozusagen solosado-masochistisch – ihren Penis schlagen, weil sie damit den vermeintlich einzigen Bösewicht treffen, den es gibt.

„Ich verstehe, was Sie sagen", meinte Shayan zu dem vorhin von mir Gesagten, „auch die indische ‚Spiritualität' ist leicht in der Gefahr, in emotional und erotisch Undefiniertes abzurutschen. Es gibt jede Menge perverse Leute in Indien, gerade in den Slums der Städte. Glücklicherweise hatten wir am Land diese Probleme nicht. Ich kam mir aber immer als der blöde Sohn vor, habe meinen Vater als fremd empfunden, habe jetzt jedoch eine bessere Beziehung gewonnen, allerdings speziell deswegen, weil er mir Anerkennung zollt, weil ich Computerspezialist geworden bin. Ich spüre, dass es da überall Zusammenhänge gibt. Aber meine Meditation brauche ich, sie beruhigt mich, sie gibt mir Kraft."

Aber wofür benötigt er dann die Psychoanalyse? Ich wollte diese Frage nicht laut aussprechen, schließlich hatte er ja Symptome, und die Meditation gibt ihm zudem keine wirkliche Einsicht, dachte ich mir. Die ganze Meditation stellt nur die Maske der Mutter dar und das Gerede des Gurus nur den Echo-Diskurs des indisch-asketischen Yoga-Gottes. Muss man nicht durch dieses verfolgende Muttergesicht hindurchgehen, um dahinter die eigene ambivalente Struktur zu erkennen? Doch im Moment konnte ich Shayan davon nichts sagen, kam doch beim Hindurchgehen durch das Muttergesicht der fresssüchtige Tiger zum Vorschein. Ich kann ihm dieses indische Stück seiner Lust nicht einfach wegnehmen. Ich wusste aber, dass ich als real dasitzender Psychoanalytiker die Einsicht nicht herstellen, sondern sie lediglich durch profunde Übertragungsdeutungen fördern kann. Auch dies vermag ein Problem zu sein. Wenn der Patient sein Symptom zu sehr fixiert hat, ja zu sehr liebt, lässt er es sich oft durch die beste Übertragungsdeutung nicht nehmen. Ohne hier jetzt zu sehr in einen Fachjargon zu verfallen, muss ich doch erläutern, dass speziell bei Personen, bei denen die Begehrensobjekte psychisch nicht klar ausgebildet, nicht klar repräsentiert und organisiert sind, die Psychoanalyse in einer Zwickmühle steckt.

Das ‚Organisiert in der Seele Verborgene' muss man von

dem unterscheiden, was an Verborgenem noch nicht so spezifisch organisiert ist. Man versucht es dann mit Methoden, die der eigentlichen Psychoanalyse zuwiderlaufen, dahin zu bringen, dass es wenigstens irgendeine Art von ‚Figurativem' an sich hat.[33] Die ‚freie Assoziation' bringt eben oft nicht genug Gedankliches, Wortbezogenes oder auch nur andeutungsweise Symbolisiertes in den Behandlungsprozess mit herein, und dann muss der Therapeut mehr oder weniger künstlich intervenieren und etwas aus dem Hut zaubern. Ideal wäre es, der Patient würde in der Therapie wie in Trance vor sich hinsprechen, sozusagen ‚Unter-sich-Reden', in seinen Äußerungen spontanst hin und herspringen. So etwas kann niemand leisten. Und täte er es, würde man ihn vielleicht für unanalysierbar halten, für psychotisch. Auch das gibt es.

Jedenfalls rückte Shayan in der Folgezeit etwas von seinem Guru ab. Er begann seltener zu meditieren. Ein paar indische Anstandsregeln behielt er bei, so z. B. sich vorwiegend an vegetarische Kost zu halten und keinen Alkohol zu trinken. Wenn er damit klarkam, musste ich ihm diesbezüglich nichts sagen, auch wenn ich spürte, dass er damit vielleicht dem Gedanken an den Tod ausweichen wollte. Kleinere Reste des Über-Ichs behalten wir alle ein Leben lang bei. Schließlich würden ihn diese Regeln nicht daran hindern, seine Beziehungen zu sich und zu anderen voller zu machen, zu intensivieren, sprachlich

---

[33] Levine, H. B., Die nicht farbige Leinwand: Repräsentation, therapeutisches Handeln und die Bildung der Psyche, PSYCHE Nr. 9/10 (2014) S. 787 - 819

mehr offen zu legen und so den Tod ins Leben und das Leben in den Tod zu integrieren und dem Sex seinen ‚Ismus' zu nehmen, so es einer war, der ihn neben Mira nun auch noch mit Sandra zusammentrieb.

6. Literarisches und Wirkliches

Mein Kontrollanalytiker erzählte mir einmal von einem Patienten, der, kaum ins Sprechzimmer eingetreten, die Frage stellte: ‚Was ist das ‚Ding an sich'? Klar, für einen Psychoanalytiker drängt sich hier sofort das phallische Symbol auf, die sexuelle Metapher, das Wort-Wirkliche des Sexuellen. Mit so etwas konnte aber mein Kontrollanalytiker nicht sogleich antworten und zum Patienten sagen: "Ja wissen Sie, das ‚Ding an sich' ist der ‚Phallus', symbolisch gesehen, also sexuell im übertragenen Sinn, nicht im realen. Schon für Schopenhauer war es der Wille und für Freud ist es der Name des Begehrens." So peinlich und krumm hätte er daherreden müssen, aber der Patient hätte es ihm nicht abgenommen.

Also hat der Psychoanalytiker wohl gesagt: „Wie kommen Sie zu dieser Frage, was fällt Ihnen dazu ein?" Nach langem Hin und Her wäre man vielleicht dazu gekommen, dass Freud oft falsch verstanden wurde indem man dachte, Freud meine, das Sexuelle würde den Menschen befreien. Das Gegenteil ist der Fall. Es verhält sich lediglich so, dass die Sprache, die symbolische Ordnung, unser gesamtes Kommunizieren „immer etwas verhüllt, was letzten Endes der Tod ist und was dann dazu tendiert, jene rätselhafte Gestalt des fehlenden *Signifikanten*, des ‚symbolischen Phallus', auftauchen zu lassen."[34] Das, der Phallus als symbolischer, als Liebeskraft, als ver-

---

[34] Lacan, J., Seminaire VI, Vortrag vom 12. 11. 1958

steckte, sexuelle Mächtigkeitsvokabel, nicht als reales Organ, ist das ‚Ding an sich'.

In der üblichen Kommunikation gibt es immer eine Leerstelle, die von dieser versteckten, sexuellen Aggressionsvokabel ausgefüllt wird, wodurch das Wort-Wirkliche nicht durchgehend, konsequent weitergeführt zum Ausdruck kommt. Auch für Shayan hatte ich noch kein entsprechendes Instrument gefunden, mit dem man ihn da hätte abholen können, wo er – eingerahmt von sexuellen und aggressiven Motiven – stand. Das einzig Richtige wäre, so vorzugehen, dass das Unbewusste selbst ‚*Spricht*' und man es direkt übersetzen könnte oder man im Namen des Unbewussten reden würde und man nicht künstlich deuten muss. Da wir immer darüber hinweg, daneben oder unten drunter sprechen, sind wir sterblich. Wir vermitteln uns nicht über den Tod hinweg, weil das lästige ‚phallische' Ding an sich immer im Weg steht.

Leider stellte mir Shayan keine solche Frage wie der in Psychoanalyse Auszubildende seinem Kontrollanalytiker, denn da hätte ich es möglicherweise leichter gehabt. Ich hätte sagen können, der Lingam ist das ‚Ding an sich', das indische Symbol von Zeugungskraft und eben jener aggressiv-sexuellen Mächtigkeit, die nicht Macht ist, sondern Strebung, seelische Festigkeit, Power, sexuelle Protzigkeit. Die ahnungslosen Engländer haben, als sie nach Indien kamen, den Lingam für ein reines Sexualsymbol gehalten, typisch für ödipal gesteuerte Europäer. Aber wahrscheinlich wäre auch so eine Antwort, wie ich sie mir dachte – mit dem Lingam als Ding an sich

– falsch gewesen. Sie hätte zu sehr gemacht, zu vorbestimmt, zu apodiktisch geklungen. Der Psychoanalytiker R. Borens meint daher, die Deutung, die er als Therapeut gibt, darf keinen Sinn haben.[35]

Dadurch nämlich, dass man den Aussagen des Patienten einen Sinn gibt, selbst wenn man, und oft gerade, weil man, aus psychoanalytischem Wissen heraus diesen Sinn stützt, verbirgt man das, was ihn eigentlich hervorbringt, schreibt Borens. Das Unbewusste selbst nämlich hat den Sinn schon vorbereitet, um nicht zu sagen vorgefasst, und jede vom Analytiker nach seiner Überzeugung und seinen Gefühlen produzierte Deutung kann hier nur stören. Das Unbewusste weiß, aber es hält sein Wissen zurück, weil es Widerstände im Patienten gibt, die Dinge unverblümt herauszulassen. Einer dieser Widerstände besteht eben darin, nach dem Sinn des Lebens zu fragen oder nach dem ‚Ding an sich'.

„Im Moment, da man nach dem Sinn und Wert des Lebens fragt, ist man krank, denn beides gibt es ja in objektiver Weise nicht", schreibt Freud.[36] In diese Richtung gehen auch die Sprüche wie der von Th. W. Adorno: ‚Leben, das Sinn hätte, fragte nicht danach; vor der Frage flüchtete es'.[37] Oder der allgemeine bekannte Spruch:

---

[35] Borens, R., Soll man heute noch deuten? Post-Lacansche Überlegungen zu Interventionen in der Kur, PSYCHE Nr. 1 (2015) S. 47 - 63
[36] Freud, S., Briefe 1873 – 1939, Fischer (1980) S. 452
[37] Ritter, J., Gründer, K. & Gabriel, G.(Hg.) Historisches Wörterbuch der Philosophie Bd. 9, Schwabe (1995) S. 821

‚Der Glückliche phantasiert nicht', sein Leben hat eben ständig Sinn. Aber wie kann man am Sinn des Sinns vorbeisteuern, wie das Unbewusste dazu bringen, dass es den Sinn selbst so äußert, dass man ihn verstehen kann, und dies am besten natürlich durch den Mund des Betroffenen selbst? Ich verstand sehr wohl, dass Shayan glaubte, die Meditation ersetze ihm die Sinnfrage, aber – so meine Meinung – sie beantwortet sie nicht.

Die Behandlung von Shayan schwankte ständig zwischen den beiden Polen hin und her: zwischen Erinnerungen und Einsichten ins private Leben, in zwischenmenschliche Beziehungen und Probleme einerseits, und seinen Erfahrungen mit Yoga und Meditation andererseits. Ich war nahe daran ihm zu sagen, dass man nicht zwei Therapien gleichzeitig machen könne, eine persönlich zu Hause und eine hier bei mir. Die Gefahr bestünde, dass man eine gegen die andere ausspielt, ohne es zu merken. Doch da ereignete sich etwas, was dem Ganzen ohnehin eine neue Wendung gab: Sandra, die neue Frau, mit der er seit zwei Jahren ein Verhältnis hatte, drohte damit Schluss zu machen. Sie hatte die Unstimmigkeiten in Shayans Seele wahrgenommen.

Sie wusste inzwischen von Miras Existenz und auch ihr, Sandra, gegenüber war Shayan oft unentschlossen. So wollte er sich nicht darauf einlassen, dass sie beide in eine gemeinsame Wohnung ziehen könnten.

„Wir müssen ja nicht heiraten", sagte sie, „aber wir könnten doch auch im Alltag zusammenleben, was für die Beziehung nur gut sein kann."

„Das können wir schon machen", erwiderte er ihr, „aber im Moment habe ich so viel Arbeit. Und wie bringe ich in einer gemeinsamen Wohnung meine Bücher unter? Ich brauche jetzt schon zwei Zimmer dafür, wie sollen wir das handhaben?"

Sandra hatte sich offenbar heftig in Shayan verliebt, aber als er zu ihr sagte, er könne nächstes Wochenende nicht mit ihr zusammen kommen, weil es ein Wochenende der Ruhe brauche, war sie außer sich.

„Da lernt man sich kennen", hatte sie zu Shayan gesagt, „und dann telefoniert man ein paar Mal in der Woche, obwohl man auch da schon hätte einmal zusammen ausgehen können – und dann braucht der jetzt auch noch das ganze Wochenende Ruhe! Verschiebt er das Zusammensein gleich wieder um acht Tage! Das ist doch keine Beziehung!" All dies vermittelte mir Shayan ziemlich wortgetreu.

Sandra hätte sich jetzt nicht auf das Zusammenwohnen fixiert, aber ein Zusammenleben müsste es doch geben. So setzte sie ihm das Messer auf die Brust. Entweder oder! Shayan hatte vorerst einmal nachgegeben und sie waren über das Wochenende zusammen weggefahren. Doch danach zeigte er sich umso mehr ermattet und kraftlos. Er verkroch sich in seine Wohnung und musste über zehn Stunden schlafen. Nicht einmal an Meditation war zu denken. Gott sei Dank waren da noch seine Bücher, und er stöberte ein wenig in seinen Regalen herum. So richtig zum Lesen war ihm jedoch auch nicht zumute.

Shayan liebte Bücher. Er sammelte alte Bücher mit silberner Schnittfärbung, mit Goldrand oder alten Zierschriften. Auch solche mit besonderen Einbänden oder ganz einfach antiquarische Werke bekannter Autoren. Dazu las er auch selbst etliche Sachbücher aus diversen Bereichen. Er kaufte alles, was ging, und auch wenn er manchmal nur ein Viertel eines Buches gelesen hatte, fand er den Kauf vor sich selbst gerechtfertigt. Schließlich wollte er das Buch zu Nachschlagzwecken immer im Regal haben, und es verhielt sich sicher nicht so, dass er mit seinen Büchern nur angeben wollte. Es kam ja nur selten jemand zu ihm zu Besuch, eher war es so, dass er bewundernd vor seinen Regalen stand, mal da oder dort ein Buch herausgriff und darin blätterte. Trotzdem hatte alles zweifellos den Charakter einer Ersatzbefriedigung.

Doch Bücher waren dafür nicht die schlechteste Wahl. Besser als Schusswaffen sammeln oder die Herzen von Frauen, sagte einmal Sandra zu ihm, wozu sie maliziös gelächelt haben soll. Jedenfalls berichtete mir Shayan dies wieder wortgenau. Zu meinem Erstaunen rückte er nach und nach mit der Tatsache heraus, dass er nicht nur den Siddhartha von Hesse kannte, sondern das Buch auch besaß und darüber hinaus auch einige der anderen Bücher Hesses. So kam ich darauf, dass nicht nur Siddhartha Shayans Leben widerspiegelte, sondern auch der ‚Demian', der ‚Steppenwolf' und das ‚Glasperlenspiel' für ihn Bedeutung erlangt hatten und sich für uns als Parallelität unserer therapeutischen Thematik eigneten. Das Gesicht, das ihm in seinen Meditationen auch jetzt noch erschien, sah mir nunmehr nach dem asketischen Konterfei Hesses aus und nicht nach dem, was Shayan mir nahelegen wollte: das Gesicht eines Yogis, des Tulsi Sahib aus Hathras vom Anfang des neunzehnten Jahrhunderts oder nur das Gesicht Siddharthas.

Shayan lachte nur, als ich ihm meine erneute Deutung seines Meditationsgesichtes übermittelte. Hesse habe sicher auch eine Rolle in seinem Leben gespielt, letztendlich sei es egal, die Vision habe er jedoch schon gehabt, als er Hesses Bücher noch nicht kannte, erklärte er mir. Nun verhält es sich ja so, dass das ganze Werk Hesses von mythisch-märchenhaften Gestalten, gnostischen Theorien, alchemistischen Anspielungen und dem ständigen Kampf zwischen Gut und Böse, Lust und höchster Geistigkeit und vor allem auch von C. G. Jungs Archetypenlehre durchzogen ist. Oft spielen völlig irrationale Zufälle eine große Rolle. Siddhartha trifft Govinda am Fluss wieder, Demian und Sinclair begegnen sich justament nebeneinanderliegend im Kriegslazarett und Goldmund trifft Narziss nach langer Wanderschaft ausgerechnet in dem Moment wieder, wo er zum Tode verurteilt werden soll. Im Steppenwolf wird am Ende all dieses Spiel der Bilder zu einem drogeninduzierten halluzinatorischen Wahn, in dem sich alle begegnen.

Genau dieses Spiel mit der Psychose verschaffte Hesses Büchern in den vergangenen sechziger und siebziger Jahren eine Renaissance. Zu dieser Zeit kamen neue Halluzinogene auf den Markt, vor allem das synthetisch hergestellte LSD (Lysergsäurediäthylamid), das sich für das magische Theater besonders gut eignete. Der Stoff war wirklich faszinierend. Man konnte trotz wachem und zumindest noch ausreichend kritischem Bewusstsein genau die Phänomene erleben, die Hesse in all seinen Büchern so heraushebt: die Spiegelungen von hoch und niedrig, schön und hässlich, edel und gemein, das Scheinleben der Menschen in Platons Höhle, das Werk der Maya (Verblendung), die ständige Selbstverkennung und illusionäre Verirrung und zahlreiche andere Welten, die vor allem durch einen betörenden Bilderrausch verursacht werden.

Wie von einem Dämon (zu dem man unwillkürlich Demian assoziiert) getrieben, schrieb sich Hesse durch eine magisch-spirituelle Welt, wie sie auch an Wagneropern erinnert und an zahlreiche andere an Mythen oder Science-Fiction orientierte Dichter. Vom beginnenden neunzehnten bis zur Mitte des zwanzigsten Jahrhunderts wölbt sich dieser Märchenpalast, beginnend mit E. T. A. Hofmann, Jean Paul, Novalis, E. A. Poe und vielen anderen Dichtern über die fabelverlorenen Menschen, aber man kann sich des Gefühls nicht erwehren, dass diese Art der Kunst und Kultur heute keinen mehr interessiert. Das Ganze ist einfach zu schwülstig, überromantisiert, pseudoreligiös und phantasmagorisch aufgebaut. Wir sind nüchterner geworden, realer und vor allem digitaler, auch wenn wir mehr leistungsbezogen oder gar im Gegenteil nur noch apathisch sind.

Wir sind heutzutage genau das geworden, wofür Hesses Helden kämpften: wirklichkeitssüchtig. Hohe Bildung, Geistigkeit waren diesen heldenhaften Protagonisten ja genauso verhasst und standen auf der gleichen Stufe wie triebbezogene Lust und schwachsinnige Niedrigkeit. Wertvolles Wissen und Wahrheit erkannten sie als Trug und Falschheit, Schönheit als Nonsens. Das einzige, was sie wollten, war ‚das betäubende Gefühl von Wirklichkeit' wie es der Therapeut J. Steiner ausdrückte, wenn er davon spricht, wie der Therapeut eine Rolle aus der Phantasie seines Patienten übernimmt, ohne dies zu merken.[38] Hesses Helden wollen Wirkliches, wirkend Reales, spürbare Realität, wie sie nur das volle, pralle, narrative Leben hergibt. Dabei waren sie tatsächlich wild auf Wirklichkeit im Sinne des auch im anderen Wirkenden. Und so beschreibt Hesse das eigentlich Wirkliche gar nicht. Er baut zwar psychoanalytisches Gedankengut immer wieder in seine Werke ein, aber aus seinen eigenen Analysen erzählt er nichts, was ja auch sein gutes Recht ist. Und da er selbst keine Patienten behandeln konnte, fehlt hier etwas. Und zwar das, was wir heute im Übermaß haben: sich überbordende, zur Abstraktion gesteigerte, künstliche Intelligenz.

Dies holten sich damals, also zu Hesses Zeiten, andere Autoren ein bisschen nach. A. Döblin bezeichnete sich selbst als Psychoanalytiker, wovon er einiges in seinem Hauptwerk ‚Berlin Alexanderplatz' unterbrachte. Auch Musil in seinem ‚Mann ohne Eigenschaften' und Thomas Mann im ‚Zauberberg' sowie Italo Svevo und Pynchon legten in einigen ihrer Bücher Selbst-Psychoanalytisches

---

[38] Steiner, J., Seelische Rückzugsorte verlassen, Hg. von H. Weiß und C. Frank, Klett-Cotta (2014)

zugrunde, um psychisch real, seelisch wirklich und – in meiner Sprache – als ideale *Strahlt / Spricht*-Kombinatoriker zu erscheinen. Doch haben wir damit und vor allem dann in den kotzigen, rotzfrechen oder deftig erotisierten Büchern von D. H. Lawrence, Henry Miller, Simone de Beauvoir, A. Camus oder E. Jelinek das noch mehr Wirkliche, das Suchtziel erreicht? Sind wir jetzt tatsächlich in Hesses Wunschwirklichem angelangt? Wohin treibt uns das Begehren, dem wir doch nachspüren sollen, um es in den *Signifikanten*, in den Bedeutungswirklichkeiten zu leben, auszudrücken und in jeder anderen Art umsetzen zu können?

Ich frage dies, weil die Behandlung Shayans in irgendeiner Parallelität zur Welt dieser Bücher zu stehen schien. Es ging anscheinend nicht nur um die Zweigleisigkeit östlicher Meditationen und westlicher Intellektualität, sondern auch um den literarischen Zeitsprung von gestern nach heute. Die gerade genannten Bücher der Neuzeit kannte Shayan alle nicht. Er hatte auch nicht Sartre oder Lacan gelesen. Außer R. Tagore, T. Mann und Hesse kannte er keinen Nobelpreisträger für Literatur. Dabei war er kein Traditionalist, sondern eher ein einfacher Bürgerlicher, er war an Politik interessiert, aber nicht an bildender Kunst, Musik, Theater, Sport, Gruppendynamik, Reisen etc. Natürlich sind all dies keine relevanten Aspekte einer psychoanalytischen Behandlung. Aber sie nähern sich dem Zentrum der eigentlichen ‚Dinge' an.

Mit Mira verhielt es sich bei Shayan genauso, wie es der Steppenwolf von seiner Freundin Erika sagte: „Plötzlich dachte ich an Erika, meine ferne, böse Geliebte." Das ‚böse' bezog sich – wie bei Shayan – auf ihn selbst, aber das ‚ferne' und das nur gelegentliche Daran-Denken trafen genau auf Shayans Verhältnisse bezüglich der Frauen zu. Mira war immer die ‚ferne Geliebte' gewesen, und für Sandra muss es wohl ein riesengroßes Auf und dann schon nach kurzer Zeit ein ebenso großes Ab gegeben haben, weil Shayan so ein Zauderer war, ein stattlicher Mann mit dem schöngeistigen ‚sozialen Lächeln', einem erfolgreichen Berufsleben, aber einer laschen Strategie in seinen Beziehungen. Er verstand es immer noch nicht, dass der Tod im breiten und mächtigen Strömen des Ganges mitgeschwommen war und er ihn – wenn damals auch noch zu Recht – verdrängt hatte. Doch er sollte im Verlauf der Therapie noch zur Sprache kommen.

In seinem Betrieb galt Shayan zwar als professionell, kundig, intelligent, aber auch hier schien er oft zögerlich und menschlich schwach. So hatte er in seiner Firma bei einem Laserdrucker einen Defekt erzeugt und das Gerät in einem Nebenraum abgestellt. Wochen später meldete er, dass man einen neuen Drucker kaufen müsse, der alte sei nicht mehr da. Aber die Einkäuferin reklamierte, dass das Gerät repariert sei und funktioniere. Statt dass Shayan gesagt hätte, „Okay, ist gut so," stammelte er etwas von einem Versehen, er habe seinen Fehler zu melden vergessen, er habe quasi gelogen usw. Jetzt konnten die, die ihm nicht gut wollten, aus der Sache ein Riesending machen und ihn wegen unlauteren Verhaltens kritisieren und bloßstellen, so wie es heute bei Amazon und anderen Großkonzernen üblich ist: die Leute schlecht reden und fertig machen. Allerdings kam es nie zur Katastrophe.

Auch sein Bezug zum indischen Yoga und der Meditation des wohl hier niemanden bekannten Tulsi Sahib aus Hathras war etwas gewöhnungsbedürftig. Er lässt sich vielleicht mit der Art von freimaurerischer Sekte im Glasperlenspiel vergleichen. Doch ein Pilgerbesuch im heutigen Hathras (und so war es wohl auch früher) lässt einen schnell die Sekte des Magister Ludi-Knecht im Glasperlenspiel vergessen und macht einen eher mit einem Geruchsverwirrungsspiel vertraut: Süßlicher und extremer Patchouliduft, Rauch, Abgase, Gerüche nach Kreuzkümmel und Kurkuma, nach Harz, Müll, indischem Tee, Kuhfladen und Räucherstäbchen prägen die Atmosphäre der indischen Sekte. Ich konnte dies von Indienreisenden hören.

Demgegenüber sind Hesses Klöster stets steril, was man von den Straßen und kleinen Geschäften und dem früheren Haus und dem Grabmal von Tulsi Sahib nicht sagen kann. Die ätherischen und Gewürzgerüche aber gehören einfach zur indischen Meditation. Sie sind vielleicht sogar wie der Geruch nach Marihuana tranceförderend. Der mit einer Variation des chinesischen I Ging operierende ‚Orden' im ‚Glasperlenspiel' ist dagegen nicht nur clean, sondern auch eine ziemlich kühle, zwangsneurotische Angelegenheit, von der sich der Hauptprotagonist

‚Magister Ludi Knecht' ja auch zum Schluss verabschiedet. Es kommt ihm selbst zu kurios vor.

Tulsi Sahib und auch seine Nachfolger empfahlen, sich völlig für die Lehre des Gurus einzusetzen, ihm grenzenlose Hingabe entgegenzubringen, um so mit ihm eins zu werden. Im Gegensatz zur Psychoanalyse, wo die positive Übertragung aufgelöst werden soll, weil sie inadäquat ist, sollte sie hier bis zum Geht-nicht-mehr gesteigert werden. Ihre Auflösung kam erst dann zustande, wenn der Guru starb und die Schüler dann gezwungen waren, die Übertragung auf seine Stern-Zeichnung (das Astrale) oder anderes Irrationales zu richten, bis auch diese verblasste. Ich kann mir trotzdem vorstellen, dass man dadurch seine Komplexe wenigstens so weit bearbeiten kann, dass man sie einerseits in gelungener Form verdrängt, andererseits im Dialog mit der Lehre des Gurus mental verarbeitet, und dass so die weitergeführte Übertragung noch als kathartisches Verfahren genutzt wird.[39] Im Guru findet man dann die geliebte und liebende Vatermetapher, einer Form des *Anderen*, der gegenüber man einen Teil der ihm gegenüber bestehenden Ambivalenz abstreifen kann. Eine wirkliche Auflösung

---

[39] Freud schreibt ausdrücklich, dass es auch gelungene Formen der Verdrängung geben kann, so wie sie ja auch von der Normalbevölkerung gehandhabt wird. Nur die Verdrängung, die im Unbewussten bestehen bleibt und zur Wiederkehr drängt, ist pathologisch. Allerdings kann eine zu starre Anpassung, zu rigide Normalität zu kollektiver Verdrängung führen, zu Kriegen, Fremdenhass oder gemeinsamer Diskriminierung Andersgearteter.

der Ambivalenz gelingt damit wohl kaum, und so bleibt man, wie bei Hesse an der Muttermetapher, d. h. an ihrem Busen, dieser Grundform des Verschmelzungsphantasmas hängen.

Ich konnte von all dem Shayan nichts sagen. Ich hätte auf ihn nur belehrend gewirkt. Aber ich konnte ihm einen Hinweis geben auf das Buch des Soziologen M. Juergensmeyer, Radhasoami Reality, in dem Tulsi Sahib ausführlich erwähnt wird. Darin wird nämlich beschrieben, dass Tulsi Sahib von einem in jedem Menschen erklingenden Wort lehrte, was tatsächlich Ähnlichkeiten mit dem Unbewussten Freuds hat. Aber war dieses Klangwort nicht eines für die damaligen Schüler? Heute kann es doch nur noch ein Echo davon geben, dachte ich mir, und hielt mich auch diesbezüglich zurück, Shayan solches zu sagen. Es hätte seine Widerstände gegen die wirkliche Enthüllung des Unbewussten und für die wirkliche Lautbarmachung eines Klangwortes aus seinem Innersten nur behindert. Dieses Klangwort, dieser *Signifikant,* musste ganz von selbst aus ihm kommen, und so war es schließlich auch. Ich werde davon berichten.

7. Faszination und Sublimierung

Ich war nun nicht nur in der dummen Situation, dass ich Mühe hatte, die zähen Widerstände Shayans auszuhalten, es verhält sich auch so, dass ich zu diesen vielen Büchern, wie sie Shayan besaß, zu seinem von ihm selbst geliebten ‚Siddhartha' und auch zu Fach-Psychoanalyse kein neues Buch hinzufügen möchte. Ich bin im Konflikt, ob ich über ihn und die Therapie schreiben soll, oder nur in einer belletristischen Version seine Höhen und Tiefen darstelle. Zu sehr muss ich einerseits auf psychoanalytische Theorie ausweichen, und andererseits bin ich immer in Versuchung, den gleichen Fehler wie Hesse zu machen, nämlich eine indisch-abendländische Geschichte erzählen mit all ihren Aufs und Abs und dem letztendlichen Wunsch nach dem Wirklichen. Deswegen habe ich wie Freud zu dem Begriff des ‚wissenschaftlichen Romans' gegriffen.

Ich will in diesem Fall der Behandlung einer tiefgehenden Persönlichkeitsstörung der klassischen Psychoanalyse eine Erweiterung bzw. Ergänzung hinzufügen, die bei Shayan geholfen hat, sein Problem effektiver und zeitnaher zu lösen. Ich habe diese Erweiterung schon mehrmals bei anderen Personen angewendet und davon auch in anderen Büchern in allgemeiner, wissenschaftssprachlicher Form berichtet. Denn die rein fachsprachliche Form, wie sie ja im Extremen von Psychoanalytikern in ihren Büchern und Zeitschriften angewendet wird, erscheint mir oft geradezu antifreudianisch. Freud konnte von jedermann gelesen werden, er hat sogar selbst einen

Literaturpreis dafür erhalten, dass man seine sehr verbindliche Ausdrucksweise überall zu schätzen verstand. Heute schreiben Fachleute nur noch für Fachleute, die Psychoanalyse ist das Geklüngel eines sektiererischen Vereins geworden, d. h. man nähert sich dem immer mehr an. Deswegen wähle ich diese noch gerade ein bisschen romanhafte Form, um allgemein verbindlich zu bleiben und trotzdem Wissenschaft zu betreiben.

Shayan und ich waren inzwischen bei der hundertzweiunddreißigsten Stunde angelangt. Viele Assoziationen zu seiner Kindheit und einige erhellende Träume haben analytische Fortschritte erbracht. So träumte er einmal davon, dass er in dem gerade erwähnten Hathras sei. Die Stadt liegt nördlich von Agra, wo sich das berühmte Taj Mahal befindet. Er sei dort herumgeirrt und wusste eigentlich nicht, was er tun sollte. Da es spät am Abend wurde, suchte er ein Hotel, auch der Begriff Motel schwebte ihm vor. Schließlich fand er ein Haus, auf dem ‚Matal' stand, und glücklich darüber, endlich eine Bleibe gefunden zu haben, kehrte er dort ein. Aber es war niemand da und er wachte auf.

Ich habe schon darauf hingewiesen, dass man als Analytiker nicht den Sinn des Traumes deuten soll. Der zu Analysierende muss selbst Einfälle dazu äußern, und gewisse Assoziationen kann auch der Therapeut dazu steuern. Glücklicherweise konnte Shayan den Traum selbst deuten, denn das Wort Matal, was vielleicht assoziativ durch Motel und auch das nahegelegene ‚Mahal' angeregt worden war, wies ganz deutlich auch auf ‚Mata' (indisch

Mutter) hin. „Es bedeutet meine Flucht in die Arme der Mutter, die nicht mehr da ist", gestand er plötzlich unter Tränen. Seine Mutter war vor einem Jahr gestorben und erst jetzt wurde ihm bewusst, wie stark er an ihr gehangen hatte und immer noch hing, obwohl er sich von ihr nie so richtig geliebt glaubte. Es war irgendwie typisch für Shayan, dass er mir vom Tod seiner Mutter noch nichts erzählt hatte. Er musste das erst mit sich selbst aushandeln, was der Tod der Mutter für ihn bedeutete, wo wir doch schon so viel von ihr gesprochen hatten und sie auf diese Weise zum ständigen Mitglied unseres psychodramatischen Ensembles gehörte. Er wollte sie noch bei sich behalten und ihre Mumie bei sich einschließen. Dass sie im Traum ein Gebäude war, in das man hineingehen konnte, zeigte auch den inzestuösen Charakter des Traums.

Viele Nichtanalytiker und besonders auch Schriftsteller und andere Wissenschaftler regen sich auch heute noch über Freuds Begriff des Inzestwunsches auf, da sie einen solchen weder bei sich noch woanders gesehen hätten. Erstens geht es nicht um einen Wunsch, der ja bewusst wäre, sondern um eine unbewusste Strebung, ein unbewusstes Begehren. Zweitens kann dahinter genau dieser Verschmelzungstrieb stehen, wie ihn ja Shayan mit seiner Guruvision erlebt. In seinem Traum war das alles gut zu sehen, und es war trotz der immer noch zu starken Nähe und Verbundenheit mit der Mutter zu spüren, dass er auch dabei ist, Abschied von dieser Strebung, dieser Objektbeziehung – wie man dies fachlich nennt – zu nehmen. Er ging ins ‚Matal' hinein und niemand war da.

Insofern gab es also durchaus kleine Fortschritte in der Therapie.

Andererseits schwärmte Shayan gleich bei der nächsten Stunde wieder von seiner Meditation, in der sich ein Schmerz gelöst hätte, den er schon seit Langem im Rücken und einer Schulter verspüre. Er führte dies auf die Tatsache zurück, dass er mehr Zeit, bis zu zwei Stunden nämlich am Tag, für die Meditation eingesetzt habe. Sodann begann er, mir einen Vortrag über andere Yogasysteme zu halten, die nicht so gut funktionieren würden wie seines. Von den anderen Problemen kein Wort. Ich hätte ihn gerne wieder nach Hause geschickt, so wie dies Lacan häufig getan hat, um den Patienten genau in der Minute zu verabschieden, nach der er ohnehin nur noch Unwichtiges reden würde. Er verabschiedete seinen Patienten jedoch aufs Wärmste und versicherte ihm, ihn möglichst bald wiedersehen zu wollen. Wenn man so will, war dies eine kleine verhaltenstherapeutische Intervention, aber sie half. Trotzdem hat man Lacan wegen dieser Vorgehensweise aus der psychoanalytischen Fachgesellschaft ausgeschlossen.

Doch in unserem System ist ein derartiges Vorgehen gar nicht möglich. Die Krankenkasse bezahlt eine Fünfzigminutensitzung, die kann man nicht abbrechen. Alles ist starr geregelt. Selbst dass es oft gut wäre, wenn der Patient aus eigener Tasche etwas dazuzahlen würde, ist nicht möglich. Mit aus diesem Grunde habe ich zur Ergänzung der analytischen Psychotherapie ein Verfahren entwickelt, über das ich noch berichten werde, weil es in Bezug auf Shayan eine Rolle spielen wird. Um die nötigen klaren Voraussetzungen dafür zu haben, nochmals ein kurzer Einschub wissenschaftlicher Bemerkungen.

Ich habe bereits oben auf das Problem des ‚*Spricht*' als der Sublimierung (Verfeinerung, Erhebung, Vergeistigung, Kultivierung, schöpferischer Entwicklung) hingewiesen, indem sie im Zusammenhang mit der grundlegenden Faszination des ‚*Strahlt*' (Schaulust, ‚Glanz im Mutterauge', wie es der Psychoanalytiker H. Kohut nannte) nie vollkommen gelingen kann. Beide Strebungen werden in der Kombination zu und gegeneinander in der Schwebe gehalten, und es kommt nun ganz darauf an diese Schwebe, Kombination, Gleichgewichtung optimal zu gestalten. Im Narzissmus z. B., in der extremen Selbst- und Eigenliebe, verfällt das Ich zu stark dem ‚Strahlenden', es ist wie durch sich selbst erotisiert und führt zu abnormer Eitelkeit und Selbstbeweihräucherung, während das ‚Sprechende' zu kurz kommt. Doch auch die Verdrängung und andere seelische Abwehrmechanismen, die dahin tendieren, lieber nicht der gewaltsamen Lust der Triebe zu verfallen, sondern lieber in Ritual, Arbeit und Kultur das allzu Sexuelle zu verfeinern und so unschädlicher zu machen, sind Sublimierung, der allerdings das Allerletzte nicht gelingt: vollkommen im Leben, in der Wirklichkeit des Symbolischen aufzugehen und den Tod zu überwinden.

Ein weiteres Modell, das Freud daher zur Erklärung der Sublimierung anbietet ist das der ‚Vateridentifizierung'. Das Kleinkind kann noch nicht die Besonderheit des

Vaters einschätzen, für es sind alle Bezugspersonen der mütterlichen Bezugsperson recht ähnlich. Dennoch geht Freud davon aus, dass das Kind früh eine Vaterimago erfasst. Er spricht auch vom ‚Vater der Vorzeit', irgendeinem mythischen großen Anderen also, den der Psychoanalytiker W. Bion auch ‚O' (nach Origin) benannte. Ganz überzeugend ist keines dieser Modelle, weshalb das Wesen der Sublimierung bis heute als ungeklärt gilt. Ich denke aber, dass mein Vorschlag, von den genannten Grund-Trieben des ‚*Strahlt*' und ‚*Spricht*' auszugehen, sinnvoll ist, indem der letztere bereits das Wesen des Sublimierungsvorgangs in sich enthält und so auf beide Grund-Strebungen, die imaginäre und die symbolische, verteilt werden kann.

Dies wird besonders dann deutlich, wenn man von Selbstsublimierung spricht, und zwar in Bezug auf das Wesen der Meditation. Freud insistierte stets und in gewisser Weise zu Recht darauf, dass Sublimierung niemals den Lustgewinn und die Genussmöglichkeit herbeiführen kann, wie die direkte Triebentladung. „Das Glücksgefühl bei Befriedigung einer wilden, vom Ich ungebändigten Triebregung ist unvergleichlich intensiver, als das bei Sättigung eines gezähmten Triebes" (also bei Sublimierung), schreibt Freud weiter.[40] Unterstellt man jedoch der Sublimierung selbst eine Trieb-Kraft, dann könnte ja auch eine direkte Triebsättigung stattfinden, deren ‚Objekt' eben gerade in diesem imaginär-symbolischen Trans bestehen kann, sozusagen in einem

---

[40] Freud, S., GWB d. XIV, S. 437

‚transzendental Erotischen' (im Meta-Sex). Warum sollte die Transzendenz immer nur so blass und nüchtern neutral vorstellbar sein?

Doch so eine Formulierung ist problematisch. Shayan sagte einmal zu mir: „Wenn ich an meine Heimat zurückdenke, wenn ich wieder die Flusslandschaft vor mir sehe, könnte ich zum Blatt, zum Ast, zum Baum werden, der vor mir steht. Ich könnte in das Fließen des Wassers eintauchen, mit den Wellen fortgleiten, durch Gräser und Büsche hindurchschwimmen, und weiter und weiter über die Hügel schweben, die Berge, die Sonne – nein, halt! Über die Sonne geht nicht, man müsste die andere Richtung nehmen!" Shayan hat genau gespürt, dass die Sonne zu heiß wäre, dass die Selbstsublimation also einen Anhalt braucht, wohin und wie weit sie sich sublimieren soll. Die Sonne wäre zu heiß, aber die Transzendenz zu blass, zu theoretisch. Es muss einen Mittelweg geben.

In solcher Selbstsublimierung ist das höchste Glücksgefühl nur zu erreichen, wenn es dem ‚*Strahlt/Spricht*'-Charakter in klarer und präziser Zuordnung gerecht wird. Dies ist vielleicht der Psychoanalytikerin M. Mitscherlich in ihrem Buch „Eine Liebe zu sich selbst, die glücklich macht" gelungen, allerdings auch nur deswegen, weil sie bis zuletzt ihren Beruf, der ihrer Liebe galt, ausüben konnte. Ihre Liebe zu sich selbst war somit gleichzeitig eine diskrete, in ganz leichter Distanz gehaltene Liebe, eine „detached love", wie es der Psychoanalytiker

G. Kohon ausdrückte.[41] Man könnte sie auch eine respektvolle Liebe nennen.

Demgegenüber sind viele andere von Laien verfasste Werke über Selbstsublimierung, die hier als völlige Vergeistigung, als Spiritualismus, als ‚Out-of-Body-Experience' verstanden werden, viel weniger passend. Denn sie erreichen wiederum nur das ‚betäubende Gefühl von Wirklichkeit', wie ich es bereits erwähnt habe. Man befindet sich ‚spirituell' nicht wirklich außerhalb des Körpers, denn einen allerletzten Zusammenhang zum Hier und Jetzt muss es geben: Auch eine unendliche Gerade schließt sich irgendwo zum Kreis, wie die Einstein'sche oder auch die topologisch genannte Geometrie nahelegt. Der „detached love" kann jeder huldigen, der etwas Wichtiges und Wertvolles zu vermitteln hat, ohne damit etwas für sich selbst zu begehren.

Der rein intellektuelle Weg, wie ihn die Philosophen seit mehr als zweitausend Jahren beschreiten, ist sicher auch nicht ausreichend für die große Sublimierung. Er hat große Höhen erreicht, aber Freud stufte die übermäßigen Denker gerne als ‚sublime Hysteriker' ein, weil ihnen jede exakt wissenschaftliche Basis fehlte. Sie zogen sozusagen das Kaninchen aus dem Hut, das sie vorher dort hineingetan hatten. Sie sind gezwungen, eine vorher bereits mit Bedeutung aufgeladene begriffliche Einheit dafür zu verwenden, um diese dann als resultierenden

---

[41] Kohon, G., Love in a time of madness. In Green & Kohon: Love and its vicissitudes, Routledge (2005) S. 41 – 100.

neuen Begriff herauszugeben. So etwas macht Freud nicht, er bezieht das Subjekt in seine Wissenschaft möglichst umfassend ein, sodass er sagen kann, die Psychoanalyse ist eine Wissenschaft v o m Subjekt, und das heißt: andersherum objektivierend, als es die Naturwissenschaften mit ihrer krassen Verdinglichung, Versachlichung und Entmenschlichung tun.

Auch Priesterschaft und Theologen erreichen die Sublimierung nur bis zu einem gewissen Grad, der durch die vor ebenfalls tausenden von Jahren in schlecht transzendierten Schriften vorgegeben ist. Die Transzendenz ist bei Ihnen in vergilbten Schriften ausgedrückt, zu sehr theoretisiert und zudem stark in einer Gestalt personalisiert, nämlich an der Stelle, wo ich sie lediglich in der dritten Person Singular ein ‚*Strahlt*' und ‚*Spricht*' nenne, ohne weitere Attribute. In der Meditation ist der Übende selbst das Attribut, das alleinige Subjekt, der Forscher. Genau dahin wollte ich Shayan leiten und ihm in seiner Auffassung von Sublimierung und Faszination der indischen ‚Spiritualität' wenigstens zum Teil entgegen kommen.

Indes besserte sich Shayans Befinden und Verhalten auch nach vielen weiteren Gesprächen und Deutungen nicht. Shayan klärte seine Beziehungen zu den Frauen nicht, er dachte weiter über Shankara und den Advaita nach, er meditierte und wandte auch andere Yogaübungen an, er traf seine indischen Freunde und kapselte sich gegenüber Kontakten in Deutschland etwas ab. All dies und vieles andere mehr ließen mich manchmal denken, dass es einen großen Unterschied gibt zwischen dem abendländischen Intellekt mit seiner Betonung des Vaters als einer gegenüber dem Weiblichen und der Mutter wichtigeren Metapher. Wir sprechen auch vom Vaterland, dem ‚patria' der Römer, während für die Inder ihr Land die ‚Maha Mata India' ist, unter deren Röcken alle vereint und angepasst leben. Doch kann man dies zu einem Konzept für die Therapie machen?

Eigentlich ist nicht nur Siddhartha die Figur, von der ich meinte, man könne sie mit Shayan vergleichen. Viel eher glaube ich und habe es auch schon mehrmals angedeutet, dass Hermann Hesse selbst zum Vergleichsobjekt taugt. Es war Hesse und nicht Siddhartha, der sich mehrmals in Psychoanalyse begeben und dazu auch etliche Kommentare und Beiträge geschrieben hat. Und es ist Hesse, der sich wie Shayan von seiner Mutter nie richtig geliebt und von seinem Vater nie richtig verstanden gefühlt hat. Diesen familiären Beziehungen gegenüber haben beide, Shayan genauso wie Hesse, in Ambivalenz verharrt, haben damit gehadert und sie teilweise in psychoanalytischer Form bearbeitet. Ich meine jedenfalls, dass einiges an Verständnis und Einsicht in die vom ‚System Familie' ausgelösten Kümmernisse bei beiden auch Fortschritte, aber keinen befriedigenden Abschluss gebracht hat.

Sind sie nicht beide in der ‚Mutterimago' gefangen geblieben? Jeder dritte Patient behauptet, nie richtig geliebt worden zu sein, doch dieses Liebesverständnis muss man näher erklären. Gewiss waren diese Mütter nicht oft genug emotional warm, herzhaft und seelisch affektivverströmend. Aber es hat diesen Blick gegeben, der die Libido entfacht, der Liebe mit Libido so stark verbindet, und von dessen weiblich-mütterlicher ‚Strahlkraft' ich ja bereits gesprochen habe. Es handelt sich um eine Liebe, die eben nur durch Blick und Berührung und nicht durch noch so wohltuende Worte oder gar durch das Betutteln und Überwachen vermittelt werden kann, ich habe sie deshalb anderswo auch Lieb-ido genannt.[42] Diese Vermittlung ist wie die Urszene eine Vermittlung stark ‚erotisierter' und manchmal eben auch irritierender Art, so dass sie oft nicht erinnert werden kann. Trotzdem ist sie genau das gewesen, bezüglich dessen die Menschen glauben, es habe ihnen an Liebe gefehlt. Es hat ihnen an Wärme und Emotionalität gefehlt, aber nicht an dem anerkennenden, liebesbestätigenden Blick und entsprechenden Berührungen.[43] Diese psychoanalytische Thematik spielte zwischen Shayan und mir erneut eine große Rolle.

So auch bei Hesse, der auf jeden Fall mehrfach schreibt, dass er der Psychoanalyse vieles verdanke, auch wenn er mit zunehmendem Alter recht kritische Töne dazu anschlägt. Anfänglich war er – wie erwähnt – sehr der ana-

---

[42] Hummel, v., G., Platons Lieb-ido, BoD (2014)
[43] Das schließt nicht aus, dass es auch Fälle gibt, wo zudem auch dieser Blick und die intimen Berührungen gefehlt haben, weil die Mutter selbst krank und verstört ist. Die Psychoanalytikerin Maiello hat solch frühe psychische Objekte, die bereits im Mutterleib entstehen, beschrieben. Auch Kohuts „Glanz im Mutterauge" habe ich schon zitiert.

lytischen Psychologie C. G. Jungs zugetan, So kommt in vielen von Hesses Büchern der Archetyp der ‚Anima' vor, der weiblichen, geheimnisvollen, weisen, in Liebesdingen erfahrenen Figur. Sie ist diese mütterliche, aber auch verführerische Gestalt wie Kamala im ‚Siddhartha', wie ‚Frau Eva' im Demian oder wie Hermine im ‚Steppenwolf': alles ‚interessante Mütter', die auch immer viel älter und geheimnisvoller waren als die ‚Muttersöhne', die sie umkreisten.

Und hat nicht Shayan in Mira, vielleicht auch in Sandra genau eine solche Person gefunden und für sich gestaltet? In der Freud'schen Sprache waren solche Frauen ‚phallische Mütter', Frauen, von denen man nicht glauben wollte, dass ihnen die ‚männliche Dynamik', die Power und Potenz fehlte, und so projizierte man sie in sie hinein. Der Mann hört oft aus den scheinbar magischen Bewegungen ihrer Körper heraus den *Signifikanten* seiner eigenen Liebeskraft rufen, raunen, locken, so wie es bereits die Sirenen bei Odysseus getan haben. Nicht umsonst erinnert dies an das betörende Rauschen des Ganges, der auch ‚Mutter Ganga' heißt. Mira war schon von ihrem dunkelhäutigen indischen Aussehen und ihrem Alter her dafür prädestiniert.

Auch wenn die ‚Maha Mata India' wie die christliche Gottesmutter eine hehre, weibliche Überfigur darstellen soll, verbirgt sich hinter ihr etwas von einer ‚Kamala' oder ‚Hermine' als einer Alleskönnerin, die von der biederen Hausfrau bis zur ‚femme fatale' über Mädchen-, Feengestalten, mondänen Salondamen, Topmanagerinnen und Weisheitsgöttinnen alles repräsentieren kann. Wie erwähnt nennt Lacan sie d i e Frau, ‚die' mit dem universalierenden Artikel, und meint, als solche existiere sie gar nicht. Wer d i e Frau lieben würde, sei psychotisch. Auch Hesse liebte sie, gerade weil er sie in seiner Mutter unerreichbar glaubte, und wahrscheinlich ist das anfangs bei allen Menschen so, auch wenn und weil es nicht mehr erinnert werden kann. Solange man träumt, ist die matristische ‚Matrix' da, auf der und in der sich unbewusst gebliebenes Leben abspielt, die eigentliche ‚Lieb-ido'.

Hesses Mutter-Matrix war allerdings von Anfang an schwer gestört. Sein Biograph H. Ball schreibt, dass die Ehe von Hesses Mutter nur den Zwecken der Mission und Verbreitung des Evangeliums gedient habe. „Sie liebte ihre Kinder, aber nur als Geschöpfe Gottes... Diese Mutter ist unzugänglich für jeden sinnlichen Impuls."[44] Alle Anzeichen von Sinnentrieb hätte sie, so Ball, nur mit Kälte und Befremdung beantworten können. In dieser Mutter war die Frau sozusagen total einbetoniert, unerreichbar oder gar nicht vorhanden. Schon gar nicht war sie die reife, mit differenzierter Weiblichkeit ausgestattete Frau, die Vorbild oder ödipalisierende Figur hätte sein können (man muss in den Ödipuskomplex eintreten, ihn durchlaufen und gereift wieder verlassen).

Von solch einer Mutter-Frau, einer Fast-Nonne wie Hes-

---

[44] Ball, H., Hermann Hesse,. Sein Leben und Werk. Frankfurt 1977, S. 56

ses Mutter, konnte man sich nicht herausgefordert fühlen, doch der stimulierende Blick, die Berührung, war vielleicht trotzdem da gewesen und konnte nur nie mehr von ihrem Sohn erinnert und von der Mutter auch nicht mehr erneuert werden. Es ist das Kleinkind, das die Mütter so ‚strahlend' anschauen kann. Später – wenn ihr Kind widerspenstig geworden ist – besitzen die Mütter diesen Blick jedoch nicht mehr. So hat Hesse die Mutter stets als besondere, wesentliche Figur herausgestellt, ohne eigentlich zu wissen, warum. Möglicherweise hatte er eine ähnliche Mutter wie Camus, dessen Mutter fast autistisch war und kaum je etwas sprach. Doch gerade deswegen wurde sie von Camus besonders verehrt. Hat der Sohn Schuldgefühle, dass sie ihn hat gebären müssen? Selten gelingt es in der Literatur, dieses problematische Verhältnis dieser großen, magischen Mutter-Frau zu ihrem Sohn verbindlich zu beschreiben.

Dies trifft besonders auf das ‚Glasperlenspiel' zu, in dessen Text eine Frau überhaupt nicht vorkommt. Lediglich in Schreibübungen des Hauptprotagonisten ‚Knecht' erscheint sie als matriarchale Totalität, für die ‚Knecht' sich opfern muss. Ich glaube überhaupt, dass Hesses Bücher überschätzt wurden. Stets geht es um eine Art innerer Reifung eines jüngeren Mannes, die mit der Reifung des Autors korreliert, und diese Reifung kommt meist über mythisch-mystische Zustände zustande, über phantasiebeladene Schilderungen außenseiterischer Vorstellungen, über spiritistisch und halbreligiöse Motive oder über die ständig quälende Diskrepanz zwischen Teuflischem und Heiligem. Dabei greift Hesse oft zu völlig unplausiblen Gestalten wie etwa dem Demian. Dieser Junge, der in der Schule gerade mal eine Klasse weiter ist als der Hauptprotagonist Sinclair, benimmt sich wie ein altväterlicher Weiser und magischer Kraftheld. Er zaubert geradezu die Probleme weg, die Sinclair mit seinem Kameraden Kromer hat.

Später lehrt er ihn auch noch gnostische Weisheiten über den Gott ‚Abraxas', der Göttliches und Teuflisches vereint und so wiederum der Advaita-Gottheit nahesteht, der ungeteilten Wahrheit und Macht. Seitenweise könnte man solche Dinge aufzählen, die unrealistisch wirken. Im Glasperlenspiel geht es nur um diese ominöse Sekte, die an die Freimaurer erinnert, und in der sich die üblichen hierarchischen Betriebsamkeiten und langweiligen Intrigen abspielen, wie jeder weiß, dass sie in Klöstern üblich sind, sich allerdings hier zum Absurden hin steigern. Der ganze Roman spielt auf einem anderen Planeten, dessen magisch-mystische Besonderheiten vielleicht ganz interessant sind, aber für heute kaum noch etwas hergeben.

Es ist diese leichte Entrücktheit von Hesses Leben und diese häufige Unplausibilität in seinen Werken, die ich auch im Leben von Shayan bemerkte. Er quält sich ab mit dem, was er aus seiner Heimat mitgebracht hat, und dem, mit dem er in seiner neuen Heimat noch nicht gut genug umzugehen versteht. Dabei verliert er sich wie Hesse in aufgebauschten Beziehungen, hinter denen man immer irgendeine Pädagogik spürt, die gleichzeitig auf- und abgewertet wird, um das Ganze dann hintenherum unbesonders ausklingen zu lassen. Bei Hesse bekommt das

Glasperlenspiel durch diese Verfremdungen einen – Goethes ‚Wilhelm Meisters Wanderjahren' entsprechenden, gelehrig überfrachteten, pädagogisch hoch gekünstelten – Charakter. Thomas Mann hatte dieses Werk Goethes, ‚Wilhelm Meisters Wanderjahre', als ‚ein hoch-müdes, würdevoll sklerotisches Sammelsurium' bezeichnet und abgetan – und dies noch dazu in einem Brief an Hermann Hesse. Möglicherweise hatte Mann zu diesem Zeitpunkt (1945) das Glasperlenspiel noch nicht gelesen. Denn sonst hätte er genau das Gleiche auch davon sagen können.

Trotzdem habe ich Hesses Bücher gerne und auch jetzt wieder – anlässlich meines Schreibens an diesem Buch – gelesen. Zweifellos war damals ein Nobelpreis gerechtfertigt. Aber eben nur damals. Ich bin berechtigt, die Literatur von heute aus zu beurteilen, und da werden Hesses Bücher bei weitem nicht mehr so viel gelesen. Ich steckte also mit der Behandlung von Shayan in einer Krise, wie sie auch die Literatur stets erneut widerspiegelt. Atavistisches kombiniert sich mit Irrealem. Wir können heute Wolfgang von Eschenbachs ‚Parzival' nicht mehr so lesen wie David Foster Wallaces ‚Unendlichen Spaß'. Und auch Schillers schauriges Melodram ‚Kabale und Liebe' lässt sich nur mühsam neben modernen Beziehungsromanen wie etwa dem ‚Stoner' von J. Williams verdauen.

Hesse hat die Psychoanalyse vor allem hinsichtlich ihres Ernüchterungs- und Erniedrigungscharakters kritisiert. Er stellte oft die kreative Leistung des Künstlers als erhebendes und beglückendes Wirken dem mühselig im

Negativen herumstochernden Psychoanalysieren gegenüber. Auch der Dichter R. M. Rilke hatte die Psychoanalyse für sich abgelehnt, weil er meinte, sie würde ihm zwar seine ‚Teufel' nehmen, aber damit auch gleichzeitig seine ‚Engel' austreiben. Eine gute Mischung von beiden Bereichen ist noch niemandem so ganz gelungen. Es verhält sich so, wie es der Ethnologe Nigel Barley sagt, nämlich dass er gerne zwischen Wissenschaft und Geschichtenerzählen wechsle und sich gleichzeitig darüber empört, dass man heutzutage an der Uni Ethnologie nur noch für andere Ethnologen betreibe. Und genauso denke ich, dass Psychoanalytiker Artikel und Bücher nur noch für andere Psychoanalytiker schreiben, wie ich es schon erwähnt habe. In der ZEIT, in der FAZ oder der SZ, wo man früher gelegentlich mal einen allgemeinverständlichen Artikel über Psychoanalyse gefunden hat, hört man heutzutage nichts mehr davon.

All dies hat mich also bewogen, mit Shayan ein ähnlich übergreifendes Verfahren, das ich schon vor Jahren selbst entwickelt habe, als zusätzliche Methode zwischen Psychoanalyse und Meditation zu nutzen.[45] Es geht doch nur darum, sicher zu sein, dass es einen Sinn gibt, einen eventuell verborgenen, enthüllbaren Sinn, und die entsprechende Wahrheit für jeden Einzelnen. In der Natur alleine ist dieser Sinn – wie es auch Shayan gerne tut –

---

[45] Das bereits erwähnte Verfahren heißt *Analytische Psychokatharsis* und verbindet meditative mit psychoanalytischen Aspekten, wobei es auch zur Katharsis in Form des ‚Durchrieselns' im Körperbild kommen kann.

zwar zu erreichen, aber die Natur kann nicht die Wahrheit dieses Sinns sagen. Gott kann vielleicht die Wahrheit sagen, aber der Sinn wird nicht erreicht. Das Unbewusste, eine Übersetzungsmaschinerie, wie man sie vielleicht sogar einmal durch Computeremulationen herstellen kann, oder sonst etwas Vergleichbares, können hier auch wirksam sein, jedoch immer nur auf einer der beiden Seiten (Sinn und Wahrheit) oder auf beiden nur halb. Ich erhoffte mir trotz allem, dass Shayan Es auch assoziieren würde, Es großgeschrieben, das Freudsche Es, das Lacansche Subjekt. Das Es, das ich ein ‚*Strahlt / Spricht*' nenne. Denn nur so streng formalisiert können Sinn und Wahrheit zum Zug kommen.

Ich konnte Shayan erklären, dass die ‚symbolische Ordnung', also die gesamte Komplexität des Sprechens, der Schwerpunkt der Psychoanalyse ist, was jedoch nicht ausreicht, einen ausreichenden Behandlungserfolg zu erzielen. Auch die ‚imaginäre Ordnung', die die Zusammenhänge von Bild und Blick, von Auge und Geometrie, darstellt, wird vom normalen Sehen nicht ausreichend vermittelt. Dies kann von einer Meditationsmethode vielleicht besser geleistet werden, indem dort und auch im Yoga oft vom ‚Dritten Auge' gesprochen wird. Doch der Begriff 'Auge' ist hier nicht korrekt genug. Es handelt sich vielmehr um einen zweiten Blick, wie Lacan in seinen Begründungen zur Optik des menschlichen Subjekts deutlich gemacht hat. Lacan gibt hierzu aber keine praktische Anweisung, wie in der Psychoanalyse dieser zweite Blick genutzt werden könnte. Er wird allerdings auch in der Meditation zu wenig genutzt, da der Guru dort (also auch im sogenannten Astralen, wie an Shayans Beispiel zu sehen ist) nicht den ‚Darshan', den aufbauenden, erhellenden und ‚spirituell' erhebenden Blick geben kann.

Der erste Blick, sagte ich zu Shayan, der also nicht alles sieht und nur fotografiert und spiegelnd zurückgeworfen wird, müsste das Foto bzw. den Spiegel durchbrechen, was freilich nicht geht, aber in der Meditation könnte er sich durch die sogenannte Astralebene, die aus lauter Lichtpixeln besteht, schon eher hindurchwinden. Doch wie gesagt, reicht dies ebenfalls nicht aus. Zielgerader verhält sich nur der ‚libidinöse' Blick, der Blick der Schaulust, das *Strahlt*, das entsprechend der unendlichen Geraden (laut der wissenschaftlichen Optik von Desargues) sich im Endlosen verlieren, aber auch von dort her kommen kann. Es gibt beim Menschen eine Oszillation von Blick und Angeblicktwerden, die schon Sartre erwähnte. Man wird das Gefühl nicht los, dass einen in den Dingen etwas angeht, ‚anblickt', an-,*Strahlt*', auch wenn es kein üblicher Blick, sondern eben dieser zweite Blick ist.

Es handelt sich damit um den deutlich subjektbezogenen Blick, der jedoch meist vollkommen verdrängt ist, weil er bis in die Urszene oder auch in die unbewusste Phantasie des Menschen zurückreicht. Lacan spricht vom ‚ultrasubjektiven Ausstrahlen', man weiß also nicht, ob es von außen oder von innen her kommt, was da oszilliert und ‚*Strahlt*'. Dieser auch ‚kristallin' zu nennende Blick ist nur auszuhalten, wenn er durch das ‚Linguistische',[46] durch eine knappe, worthafte Formulierung, durch ein gleichwertiges Element aus der symbolischen Ordnung gestützt wird. Dann kann die imaginäre Ordnung sich nämlich im ganz körperbezogenen Oszillieren, das ich auch ein ‚Durchrieseln', eine Chill-Out-Erfahrung nenne, realisieren,[47] die zur Sinn- und Wahrheitsaussage weiterführt. Weder klassische Psychoanalyse noch klassische Meditation erreichen dies jedoch alleine. Das erklärte ich auch Shayan.

Die Vision seines Gurus – sagte ich zu ihm – stützt den zweiten Blick, denn er kommt aus der Astral- oder ‚*Strahlt*'-Ebene hervor, doch damit ist er bereits nicht komplett, kommt er nicht aus dem Unendlichen, und spricht er nicht gleichzeitig und ausreichend. Er wiederholt höchstens das, was er in seiner Lehre ohnehin schon den Schülern vorgebetet hat. Wichtig ist, dass Es *Spricht*, am gleichen Punkt, wo Es *Strahlt*, zustande kommt, weil nur so eine letzte Wahrheit garantiert ist. Das Befolgen einer Lehre kann nicht ausreichen, die eigene Wahrheit zu finden. Durch das Konzept der Verbundenheit von ‚*Spricht*- und *Strahlt*' und seiner Subjekt-Bezogenheit

---

[46] Lacan nennt das Unbewusste auch einen „linguistischen Kristall", also ein *Spricht / Strahlt*.

[47] Ich werde im Folgenden noch Details des Verfahrens der *Analytischen Psychokatharsis* schildern, in dessen Mittelpunkt dieser enge Zusammenhang des *Strahlt/Spricht* durch sogenannte *Formel-Worte* gegeben wird und sich auch als *Pass-Worte* wiederentäußert.

ergibt sich ein einfacher und guter Vergleich zwischen einem mehr meditativen Verfahren und der Psychoanalyse. Damit konnte ich Shayan entgegenkommen. Denn die meditativen Elemente in diesem Verfahren, das ich *Analytische Psychokatharsis* genannt habe, würden Shayan einen leichten Einstieg in die Methode erlauben, da er dieses Vorgehen schon kennt. Gleichzeitig wird der analytische Teil ihn auf den unbewussten Sinn hinweisen und hinführen.

Der Leser mag sich fragen, warum ich ihm nicht gleich diese Methode angeboten habe. Die Patienten kommen jedoch zu mir in analytische Psychotherapie, und so fange ich erst einmal damit an. Ich habe keine Möglichkeit ohne klare Gründe die Methode der *Analytischen Psychokatharsis* zu empfehlen. Zeigt sich dann, dass eine Erweiterung der Therapie nötig ist, schlage ich vor, zusätzlich und ergänzend die *Analytische Psychokatharsis* mit anzuwenden. So auch jetzt im Fall von Shayan Amand. Dass Indien und der Yoga (oder Meditation) etwas Wesentliches zur psychoanalytischen Wissenschaft beitragen können, lässt sich schon von der Frage her eruieren, warum man nicht vom Blick und vom Auge (und der Blick- und Augensprache), also von einer „Dialektik des Sehens" her, die Psychoanalyse erfunden hat, denn dazu hätte man Indien gebraucht oder könnte man die Lacansche Topologie ins Spiel bringen.[48] Man hat sich

---

[48] Auf die ausführlichen Darstellungen der Einsteinschen Geometrie (Topologie) habe ich in vielen anderen Veröffent-

nur auf das ‚*Spricht*' konzentriert, nun muss man freilich das ‚*Strahlt*' auf Umwegen zusätzlich zur Geltung bringen.

Der Blick, sagte ich zu Shayan, schneidet ständig Stücke der Welt heraus, und er tut dies bedeutungsbezogen. Es wird stets nur das im wörtlichen Sinne ‚Bedeutende', Bezeichnende, *Signifikant*e wahrgenommen, meist jedoch unbewusst. Im Sehen des *Signifikanten* findet eine erste Identifizierung statt, man sieht das Objekt nicht in seiner totalen Gänze, sondern – wie Freud sagte und Lacan es besonders herausgehoben hat – vermittels eines einzigen, eines charakteristischen Zugs. Das ‚*Strahlt*' des Blicks wird also von vornherein durch das ‚*Spricht*' eines Charakteristikums gekreuzt. So bauen Wahrnehmungslust, Schautrieb, ‚*Strahlt*' zusammen mit der Entäußerungslust, Sprechtrieb, ‚*Spricht*' Schicht um Schicht am ‚linguistischen Kristall', der stets zum größeren Teil unbewusst bleibt. Der linguistische Teil des mütterlichen oder meditativen kristallinen Blicks wird jedoch auf echoartige Effekte eingeengt. Die Mutter schmeichelt und lockt, verwöhnt oder ist überprotektiv. Hauptsächlich wirkt ihr ‚Blick' unbewusst im Hintergrund.[49]

Gleichzeitig ist sie sowohl bei Hesse als auch bei Shayan irgendwie fremd, nicht wirklich wahrnehmbar, oft ver-

---

lichungen hingewiesen. Hier will ich nur gelegentlich dazu Stellung nehmen.

[49] Hier greift dafür (für das mütterliche *Strahlt*) ersetzend das Wort (*Spricht*) des Vaters ein, wenn ich es so vereinfacht noch einmal sagen darf.

sponnen in einer Flucht vor sich selbst als das Doppelwesen Mutter/Frau. So bei Hesses Mutter als Flucht in die absurde Frömmigkeit und bei Shayans Mutter vergleichbar die Flucht in einen übertriebenen Altruismus. Sie versorgte ständig Arme und Behinderte im Dorf, aber nicht nur dort. Manchmal fuhr sie auch nach Haridwar, um im Ort Verwandte zu betreuen oder Menschen in einem Altenheim zu helfen. Von all diesen Tätigkeiten kam sie oft erschöpft zurück und musste sich dann auch noch die Rügen des Vaters anhören, der ihr vorhielt, dass sie andere Familien mehr liebe als ihre eigene. Am besten erging es noch Lani, der Jüngsten, die von ihrer Mutter oft zu ihren auswärtigen Besuchen mitgenommen wurde und dabei das Entzücken alter Tanten auf sich ziehen und adäquat genießen konnte.

Wenn ich vorhin von der ‚überprotektiven' Mutter gesprochen habe, so heißt dies nicht, dass diese Mutter sich besonders viel um ihre Kinder sorgt und sich um sie bemüht. Es handelt sich mehr um ein tuttliges, mäkeliges und sich in sinnlosem Getue verausgabendes, übertriebenes Sorgen. Die Kinder werden mit Hygiene und Körperpflege mehr traktiert als wirklich behandelt, für jede Gelegenheit müssen sie sich anders anziehen und am liebsten werden sie zu Hause eingesperrt, weil ihnen dann nichts passieren kann. Die schreckliche Welt draußen könnte sie nur verschrecken und verletzen oder gar fürchterlich Missbräuchliches antun. Dabei ist eher diese sterile und rigide Überversorgung und Lähmung ursprünglichster Vitalität ein Missbrauch als der vielzitierte Liebesmangel.

Hier könnte man nochmals etwas zum indischen Darshan sagen. Es gibt Yogis und indische Sants, Heilige und Seelengelehrte, die behaupten, der wahre Guru könne mit seinem Blick den Schüler so erfassen, so bannen und eine Identität erzwingen, dass er den Schüler wie aus dessen Körper herausziehen und in visionäre Zustände versetzen kann. Der Guru hypnotisiert quasi seinen Schüler nur mit dem Blick. Ich denke, dass dazu eine noch größere Bereitschaft beim Schüler bestehen muss. Er muss sich schwach und hilflos geben, vollkommen empfänglich und gefügig, hingegeben an die dem Guru unterstellte Macht. Dann mag er in einen solchen Zustand versetzt werden, der im Übrigen völlig irrelevant und ebenso übertrieben ausfernd und missbräuchlich ist.

„Freud ist mir manchmal zu sexistisch", sagte Shayan einmal zu mir. „Wenn selbst der Blick vom Sexuellen besetzt ist, was ist dann überhaupt noch normal?"

„Das Sexuelle ist bei Freud ein Symbol", entgegnete ich. „Im ‚Darshan' lockt doch der Guru den Schüler zu sich in die Höhe, aber er kann ihn dort unmöglich durchgehend halten, also muss er ihn wieder fallen lassen. Wenn zwei Liebende sich tief in die Augen schauen, nehmen sie sich ebenso mit in die Höhe dessen, was ich ja jetzt schon vorausgreifend ‚Liebende' genannt habe. Was ist zuerst da?"

„Die Macht der Liebe", sagte Shayan.

Ich ergänzte ihn und sagte, dass man dazu auch eine rationale Überzeugung haben müsse, sonst antwortet der

Signifikant nur direkt einem anderen *Signifikanten*. Was das heißt, konnte ich einmal bei einem Kind beobachten. Es wollte die Geschichte von Räubern erzählen, und als es zu der Stelle kam, wo es sagte „und dann waren da im Wald die Räu . . . .", konnte es nur noch selbst vor Angst zitternd hervorstottern: „Räuhäu . . äuho . . häu . . eber . . ." Der Dunkle-Wald-Schauder, der *Signifikant* des Dunklen, Bösen, Schaurigen hatte das Kind selbst schon im Griff der Identität, und als es dann zum Wort Räuber kommen sollte, konnte dieses gar nicht mehr so ausgesprochen werden, wie es im Märchenbuch stand.

Ja, der Schauder (als *Signifikant*, als Scha-ha-hau-riges) hat den Räuber erzeugt, anstatt dass umgekehrt darauf gewartet würde, was der Räuber nun eigentlich macht, ob er nämlich einen Schauder erzeugt oder einen Witz erzählt oder sonst etwas tut. Das Du-hun-kle, das Bö-höö-se und der Räu-häu-ber sind in einer *Signifikanten*-Kombination verwickelt, das klingt dramatisch, echt nach Angst und Schrecken, aber es fehlt das kontinuierliche, leicht distanzierte Erzählen. Ein guter Märchenerzähler wird bewusst, gekonnt, ein wenig von dem Gefährlichen in seine Stimme einbringen, aber nicht davon völlig weggerissen werden, so wie Shayan von seinem Guru mitgerissen wird. „Die Macht der Liebe," sagte ich daher zu ihm, „würde sich selbst überhaspelnd alles in den Abgrund ziehen, in Erotomanie oder in Hass. Deswegen meint Lacan zu Recht, dass es drei Formen des Nichts gäbe: Liebe, Hass und Ignoranz." Hier, in Shayans Fall, scheint es die Liebe zum Guru und die Ignoranz des Gurus zu sein, die zwar den Hass ausschließt, aber dafür blind macht.

In der *Analytischen Psychokatharsis* jedoch kann das Kathartische, das befreiende Erleben, die beginnende Selbstsublimation ganz für sich erfahren werden, und dann, ganz unverwickelt, das Analytische zur wirklichen Selbsterhebung, und zur Erkenntnis und rationaler Einsicht und endgültiger Sublimation führen. Es muss keine Glaubensbereitschaft beim Schüler vorliegen, vielmehr kann der Schüler sich intellektuell und rational über das Verfahren klar werden, und dann selbst die Entscheidung treffen, es anzuwenden oder nicht. Ich habe Shayan erzählt, dass ich dieses Verfahren schon seit vielen Jahren anwende und darüber etliche Veröffentlichungen existieren. Ich ergänzte auch, dass nicht jedermann psychoanalysiert werden könne. So würde man z. B. mit einem ultraorthodoxen Katholiken wohl Schwierigkeiten in der analytischen Psychotherapie haben.

„Ultraorthodoxe Katholiken kommen wohl gar nicht auf die Idee, zu einem Psychoanalytiker zu gehen", meinte Shayan zu meinen Ausführungen. „Auch ultraorthodoxe Hindus würden dies nicht tun, sie lehnen westliche Lebensart schon grundsätzlich ab und moderne Wissenschaft natürlich auch."

„Aber Sie sind geeignet für die analytischen Methoden", fuhr ich nun fort. „Auch Ihre Meditation ist dafür kein absolutes Hindernis, nur sollte man sie dafür ein bisschen variieren. Wir haben ja erlebt, dass das Gesicht in Ihrer Meditation so viele Bedeutungen und Wesen darstellen kann, auf welche einigen wir uns diesbezüglich?"

„Dazu fällt mir ein Traum von gestern Nacht ein", sagte Shayan. „Ich musste einen Berg besteigen, der immer steiler und steiler wurde. Ich wusste aber, dass Tulsi Sahib ganz oben saß und einen Vortrag hielt. Schließlich gelang es mir mich über den letzten Felsrand emporzuschieben. Der Guru saß auf einem Thron, doch er sah übergewichtig und verschwollen aus. Zudem standen leere Weinflaschen herum, das Gesicht der Gestalt änderte sich, sie lächelte mich an, und ich sah, dass sie eine dunkel umrandete Brille aufhatte und ein unverständliches Wort von sich gab."

„Was fällt Ihnen weiter dazu ein, was assoziieren Sie?" fragte ich.

„Bei der Gestalt denke ich an ‚Garuda', eine hinduistische Gottheit, ein indisches Fabelwesen, das so aufgedunsen aussieht, aber ich denke auch an einen Onkel von mir", erklärte Shayan.

„Könnte man nicht auch an den Vater denken oder an Babu?", interpretierte ich.

„Ja, die Gestalt könnte Babu sein", ereiferte sich Shayan. „Er war es, der mich zum ersten Mal auf einen Berg führte! Wir waren zu Besuch in Rishikesh."

„Sie haben in diesem Traum Ihre indische Vergangenheit nicht vergessen, aber auch ganz andere Aspekte darin eingeschlossen." Ich deutete ihm nämlich, dass auch ich in der Figur zu sehen sei, denn damals trug ich eine dunkel umrandete Brille, und dass ich Wein trinke, könnte er sich vielleicht auch gedacht haben. „Auf jeden Fall zeigt der Traum ganz stark Ihren Kampf um die letztliche Identität, denn freilich stecken auch Sie selbst in der Traumgestalt. Das unverständliche Wort erinnert mich an Lacans ‚ultrareduzierte Phrasen', mit denen er ebenfalls das Linguistische des Unbewussten beschreibt."

„Ultrareduzierte Sätze", sagte Shayan, „verwendeten auch die ‚Hare-Krishna-Leute', die es ja auch hier im Westen gab. Wenn ein Wort fast keinen Sinn mehr ergibt, wirkt es am besten für die Tiefenentspannung." Shayan lachte und wir ließen die Sache erst einmal so stehen. Der *Andere* als solcher mit seinen ultrareduzierten *Signifikanten,* passte gut zu diesem Traum, der mir zeigte, wie nahe Meditation, Yoga und Psychoanalyse einander sind. Die *Signifikanten* des *Anderen* erzeugen die unterschiedlichsten Formen des Begehrens, ausgedrückt durch das wechselnde Gesicht. Shayan steckte noch tief darin, das Unbewusste in der mythischen Form zu verstehen, aber er hatte wenigstens Zugang dazu, und dazu passte gut die von mir empfohlene Methode.

Wir hatten auf jeden Fall vereinbart, die Sitzungen nur noch in größeren Abständen abzuhalten, und dass er in der Zwischenzeit die *Analytische Psychokatharsis* üben würde. Wenn es nötig sei, würden wir auch wieder häufigere Sitzungen haben können.

8. ARE – VID - EOR

Shayan kam nochmals auf Leiris zu sprechen: „Das Sacré und das Unbewusste, haben sie nicht beide eine Botschaft"?, fragte er. "Und somit ist auch der Guru, ist auch Gott und jedes andere ‚Sacré-Wesen' vom Unbewussten her zu erfassen, oder – wenn man will – auch umgekehrt?" Ich freute mich, dass er jetzt doch Ost und West in Einklang bringen wollte. „So bewusst, wie wir es im Alltag mit vielen Menschen tun," sagte ich, „können wir weder mit dem Sacré noch mit dem Unbewussten reden. Aber etwas Sprachliches, symbolisch Geordnetes ist im Spiel, und somit können wir uns ihnen von verschiedenen Seiten her nähern, wenn diese worthafte Seite genauso berücksichtigt wird wie die bildhafte. Allerdings müssen wir dann diese Näherung manchmal noch weiter in unsere Alltagssprache übersetzen."

Ich habe Shayan die Praxis des Verfahrens so dargestellt, wie ich sie ihm auch schon in den Therapiestunden vermittelt, und wie ich sie auch im Anhang nochmals beschrieben habe. Und ich habe auch betont, dass ganz speziell im Begriff der *Katharsis* der ‚sakrale Taumel' mitenthalten ist, mit dem er doch aus den Schriften von M. Leiris, aber auch von seinen eigenen Meditationen her vertraut ist. In dem von mir entwickelten Verfahren kommt jedoch auch das sprachlich *Analytische* zum Zug. Leiris hat versucht, mit Wortspielen an Letzteres heranzukommen; für ihn war Literatur ein Stierkampf, indem der Schriftsteller sich der gleichen weihevollen, sakralen Gefahr aussetzt wie der Torero. Denn sein Schreiben kann in die verschiedensten Sackgassen geraten, es kann zum Ladenhüter werden oder zum Bestseller. Auch in der Meditation gibt es solche sakralen Gefahren, die man nur mit wissenschaftlichen Methoden umgehen kann. Die Psychoanalyse Lacans und ihr ‚linguistischer Kristall' sind dazu eine große Hilfe. Damit konnte sich auch Shayan vertraut fühlen.

„Den erwähnten ‚linguistischen Kristall', der ebenso eine Mischung aus *Analyse* und *Katharsis* ist," so sagte ich weiter zu ihm, „habe ich in Form eines B(r)uchstaben-kranzes dargestellt (siehe Abbildung nebenan), den ich auch *Formel-Wort* nenne. Ich spreche deswegen von B(r)uch-staben, weil es um Buchstabenfolgen geht, die in sich Brechungen enthalten.[50] Um dem Charakter des *Formel-Wortes*, zu dem ich hier die lateinische Sprache benutze, jedoch ganz speziell gerecht zu werden, schreibe ich es erst einmal in Kreisform. Damit wird seine formal-logische Struktur am besten sichtbar."

Shayan betrachtete sich das Ganze, sagte aber nichts dazu, sodass ich ihm noch Weiteres erklärte.

„Dem *Formel-Wort* liegen drei oder mehr bild- und wortbezogene Bedeutungen zu Grunde, die völlig disparat und unzusammenhängend sind. Das ist wichtig, denn sie werden in der *Analytischen Psychokatharsis* umgekehrt

---

[50] Oudee Dünkelsbühler, U., Zeugnis und Schrift: B(r)uch - staben an der Couch, Les Etats Généraux de la Psychanalyse (2001)

wie bei den Freud'schen Versprechern verwendet, bei denen bekanntlich zwei, drei Buchstaben aus Überlappungs-, Überschneidungsgründen vertauscht sind. Im *Formel-Wort* überschnei-den sie sich aus konstruktiven, progressiven Gründen, indem es nur eine Formulierung bildet, obwohl ein Mehrfaches an Bedeutungen in dieser einen Formulierung, in diesem Schrift-Zug des *Formel-Wortes* steckt und so das *Unbewusste* weckt. Es kann dies nur tun, wenn die einzelnen Bedeutungen so disparat sind, dass sich eben kein direkter Sinn ergeben kann, in welchen Zusammenhang man sie auch bringen mag. Das *Formel-Wort* verhält sich rein strukturell also genauso wie die Versprecher, bei denen man den versteckten, wahren Sinn heraushören kann, nur dass diesmal das Unbewusste selbst die Deutung ausspucken muss, weil eben kein Versprecher oder Witz dahintersteckt, sondern etwas völlig Gegenteiliges: eine Anregung der kreativen Seite des Unbewussten", beendete ich meine Erklärungen.

Als Softwareentwickler war Shayan das Verständnis von Schnittstellen in einer Formulierung, die zu unterschiedlichen Bedeutungen führen, kein Problem. Ich gab ihm ein Blatt mit weiteren Erörterungen und später auch die im Anhang beschriebene Kurzanleitung:

Das Bild mit dem im Kreis geschriebenen Formel-Wort ARE-VID-EOR zeigt also eine solche ‚linguistisch kristalline' Formulierung. In ihr stecken – liest man die Formulierung im Uhrzeigersinn – viele verschiedene Bedeutungen, die vielleicht oft etwas unsinnig wirken, aber dennoch klare Bedeutungen sind. Man kann mit dem Lesen z. B. beim D anfangen, beim V oder beim A. Jedes Mal kommt eine andere Bedeutung heraus. Ich nenne erst einmal nur drei, es stecken jedoch noch weitere darin, doch drei genügen für die Praxis und zur Erklärung dieser Formulierung.

A RE VIDEOR	*Ich werde von etwas gesehen*
DE ORARE VI	*Vom Sprechen mit Überzeugungskraft*
VIDEO RARE	*Ich nehme ungewöhnlich wahr*

Wenn man nun so eine Formulierung gedanklich, rein mental übt, übend wiederholt,[51] werden irgendwo im Unbewussten, irgendwo zwischen den Signifikanten, zwischen den B(r)uchstaben exakt dieselben Strukturen im Unbewussten geweckt und provoziert, sodass sich das Unbewusste direkt sprachbezogen äußern muss. Es wird genau um den „einen Teil des konkreten Diskurses als eines überindividuellen [gehen], der dem Subjekt bei der Wiederherstellung der Kontinuität seines bewussten Diskurses nicht zur Verfügung steht" [und der also verdrängt ist].[52] Einerseits wird durch die erreichte Tiefenentspannung eine Katharsis entstehen, die sinnvoll ist,

---

[51] Man könnte dies dann ARE-VID-EOR-ARE-VID- usw. schreiben. Besser und noch weiter in das Verfahren eingeführt sind jedoch mehrere solcher Formulierungen hintereinander zu üben, drei, vier oder allenfalls fünf.
[52] Lacan, J., Schriften I, Walter (1980) S. 97-98

weil durch sie das Wahrnehmen der Verlautungen aus dem Unbewussten gefördert wird. Diese Verlautungen werden als Pass- oder Identitäts-Worte bezeichnet.

„Zu diesen *Pass-Worten*", sagte ich zu Shayan, „lässt sich ein schönes Beispiel aus einem Zusammenhang mit Indien zeigen. Ich hatte einen Patienten, der ebenfalls diese Methode der *Analytischen Psychokatharsis* erlernt hatte. Er studierte Indologie, und war in diesem Fach schon fortgeschritten, als er beim Üben das *Pass-Wort* erfuhr oder hörte, also irgendwo tief in sich selbst vernahm: „Indere dich!" Es war sofort klar, dass es mit seinem Studium zusammenhing, aber auch die Ähnlichkeit zu einem Freud'schen Versprecher war nicht von der Hand zu weisen. Es klang ja so, als hätte jemand „Ändere dich!" sagen wollen, und es rutschte ein „Indere dich!" heraus. Doch wie angedeutet stand vor allem der Zusammenhang mit dem Studium im Vordergrund. Er war akademisch, theoretisch, im intellektuell Abstrakten seines Studiums weit fortgeschritten, aber in der Praxis, im Wesentlichen fehlte ihm noch etwas.

Er war noch nicht Inder genug, es reichte nicht aus, nur im abgehobenen Theoretischen Erfolg zu haben. Er sollte sich, so das *Pass-Wort*, noch in Richtung des wirklich Indischen hin ändern, nicht unbedingt und totaliter ein Inder werden, aber doch mehr das Originäre und Echte, das Typische und Wesentliche Indiens in sich selbst erfassen. Und so packte er seine Koffer und fuhr für längere Zeit nach Indien, um dort verstärkt (denn freilich war er schon in Indien gewesen) Land und Leute, Sprache und Kultur kennen zu lernen. Es war letztlich dieses Beispiel, das Shayan überzeugte, mit mir in dieser Weise weiter zu arbeiten.

Denn er sah auch, dass solch ein *Pass-Wort* wesentlich mehr Wirkung hatte, als wenn ein Freund oder Kommilitone zu ihm gesagt hätte: Du musst noch mehr vom indischen Leben in dich aufnehmen, noch intensiver studieren. Derartige gute Ratschläge helfen meist nicht weiter, sie sind selbst zu wenig authentisch, so wie ja auch die meisten psychoanalytischen Deutungen zu wenig „gesättigt" sind und somit nichts bewirken. „Indere dich" hieß: Studiere nicht nur Indologie, ändere dich selbst in diese Richtung. Es war einfach ein Wort aus dem Bauch heraus, aus dem tiefsten Unbewussten, und nur so etwas hat enthüllende und heilende Wirkung.

Die Strategie mit dem ergänzenden Verfahren der *Analytischen Psychokatharsis* bewährte sich schon in den ersten Monaten, in denen wir nur vier Sitzungen hatten. Shayan hatte gute Erfahrungen mit dem Entspannungsgefühl der Katharsis gemacht und auch zweimal ein *Pass-Wort* wahrgenommen. Das erste blieb unbedeutend bzw. es blieb ohne Möglichkeit einer Deutung oder Klärung. Umso prägnanter war das zweite *Pass-Wort*, das ihm einfiel, bzw. das er wie einen aus der Tiefe kommenden Gedanken erfasste: „hurenfest". „Seltsam," sagte Shayan, „das war schon deftig. ‚Hurenfest', was sollte das heißen"? Es war ihm ein bisschen mulmig zumute, aber er fand den Ausdruck auch bedeutsam.

Doch es war schnell klar, was damit vermittelt werden

sollte, denn Shayan fiel ein, dass ein Onkel der Familie beauftragt war, ihm – was auch noch in Europa nicht selten vorkommt – im Alter von sechzehn Jahren einen Besuch bei einer Prostituierten zu finanzieren und ihn dahin zu begleiten. „Grauenhaft," kommentierte Shayan die Erinnerung an dieses Erlebnis. „Mir war das äußerst unangenehm, aber in vielen konservativen Familien war das üblich. Sie glaubten alle, man könne somit die Scheu vor dem sogenannten ‚ersten Mal' mit einer Frau überwinden. Das Gegenteil war bei mir der Fall. Hätte ich nicht Mira kennengelernt, wäre ich lange nicht fähig gewesen, mit einer Frau intim zu werden." Und tatsächlich, man muss zugeben, dass schon Freud vom ‚Durchbruch zum Weibe' gesprochen hat, was aber nicht einen Pflicht-Gang zu einer Prostituirten bedeutete, sondern die seelische Überwindung, einer Freundin, für die man schon einige Zeit ein lieber, galanter, humorvoller und geistreicher Partner war, zu erklären, dass man auch Sex wolle, so direkt, pur.

Shayan rückte sogleich mit einer weiteren Geschichte heraus, nämlich dass er noch einige Zeit vor seiner Beziehung zu Mira ein Mädchen aus dem Nachbardorf gekannt habe, Malou. Es hatte sich bei Shayan und Malou um eine scheue, sehr vorsichtig tastende Liebesbeziehung gehandelt, mit recht seltenen Begegnungen an den Orten am Ganges, die er von seiner Meditation her schätzte. Zu mehr als einem zaghaften und äußerst schüchtern angedeuteten Petting ist es nicht gekommen, doch die Beziehung hatte noch einen versteckt gehandhaben und verschworen materiellen Hintergrund. Die

Familie des Mädchens war arm und Shayan brachte ihr jedes Mal etwas mit, das er aus einer verschlossenen Truhe seiner Eltern geklaut hatte. Es hat sich nicht um große Schätze gehandelt, eher um Kleinigkeiten. Er hatte die zwei Schlüssel, die man dazu brauchte, nach langen Recherchen gefunden, und dadurch bekam das Ganze einen brisanteren Hintergrund.

In der abgesperrten Truhe befand sich nämlich ein wiederum mit einem Schloss versehenes mittelgroßes Kästchen, in dem sich etwas Geld, meist Münzen, sowie kleinere Schmuckstücke oder Devotionalien befanden. Davon nahm Shayan immer wieder ein kleines Stück oder ein, zwei, Münzen mit, um sie Malou zu geben. Er hatte schon damals stets das Gefühl, dass es sich wie um eine Bestechung handelte, wie um eine nicht ganz ungefährliche Komplizenschaft, die für eine reine, unschuldige Liebe gar nicht so vorteilhaft war. Nun war Malou arm und freute sich jedes Mal riesig über die schönen Zuwendungen. Aber mit Sicherheit liebte sie Shayan auch so, wie es in einer fast noch präpubertären Phase üblich ist: mit viel Drum-Herum-Reden, kaum Zärtlichkeit, nicht einmal behutsamer Körpererforschung, aber mit übergroßer Romantik.

„Irgendwie war jedoch von vornherein klar, dass echter Sex unmöglich war, verboten oder fast inexistent", sagte Shayan. Feste indische Familienregeln schwebten also wohl noch über den beiden, und ein Junge in dem beginnend pubertären Alter hatte noch keine Ahnung, wie ein Mädchen tickt, und umgekehrt genauso. Er war eher ängstlich als mutig, und so waren die beiden verhalten und äußerst unsicher, was der andere wirklich wollte und dachte. Sie unterhielten sich auch wie Bruder und Schwester, fragten sich nach ihren jeweiligen Eltern und deren Gewohnheiten und nach den Schulen, in die sie gingen. Sie erzählten sich Kindergeschichten und unbedeutende Alltäglichkeiten. Doch die materiellen Zuwendungen waren ein Liebesakt.

Vielleicht gibt es kaum eine schönere Liebesbeziehung als diese Kinder-Probe-Liebe, diese enigmatische, helle, warme, gar nicht einmal so wirklich romantische, sondern mehr neugierig gefühlsreiche – wenn auch nicht reife und nicht vollständige – so doch durchaus große Liebe. Doch jetzt, im Moment des Darüber-Sprechens, kam Shayan trotz all dem die Beziehung ganz verrucht vor, und wenn er heute wieder daran gedacht hatte, so nur deswegen, weil sie ihm im Zusammenhang mit dem „hurenfest" eingefallen war. Dieses *Pass-Wort* mochte vielleicht nur zu der Geschichte mit der Prostituierten passen, und gar nicht zu dem realen Geschehen mit Malou, doch irgendwie hatte diese Beziehung damals wegen des gleichzeitigen Diebstahls aus der elterlichen Kassette einen unlauteren, negativen, konspirativen und damit schuldkomplexbeladenen Einschlag.

Mich erinnerten Shayans scheinbar irrelevante Schuldgedanken an ethnopsychoanalytische Untersuchungen noch ursprünglichst lebender Völker, z. B. bei den ‚Frauen von Palau' auf Neuguinea, wo es heißt: „Die Macht der Frauen beruht auf der Mutterschaft und dem Gelderwerb durch Sexualität und Ehe". Es ist viel freie Sexualität für die Frauen da, das ganze Frauenhaus bricht auf, um Monate im Männerhaus eines anderen Dorfes in freier Liebe zuzubringen, und dafür gibt es auch noch Geld. [53] „Auch im normalsten Alltag müssen die Ehemänner für Sex zahlen. Individueller Ehebruch aber wird strengstens bestraft!" Summa summarum wirkt dies alles gar nicht so viel anders als bei uns. Es gilt die freie Liebe und doch steckt auch Geld dahinter. Das ist weder „hurenfest" noch das Gegenteil, übermäßig scheuer Liebesromantik. Bei Shayan ging es wohl um etwas anderes.

Für ihn – so schien es – war der Gang zur Prostituierten grundsätzlich etwas Konspiratives. Das „hurenfest" erinnerte ihn nämlich in erster Linie an die Elendsprostitution in Mumbai, die er aufgesucht hatte, und wo nur mit Vorhängen abgetrennte Zellen im schmuddeligsten Zustand nebeneinander lagen. Entsprechend niedrigst der Preis. Der Gang dahin findet in verborgenen Zonen statt, geheim und doch sichtbar, verpönt und doch lebensnotwendig, total verachtet und doch intensiv gesucht. Eben das alles macht das Konspirative aus: Niemand darf je wissen, dass man dort war, selbst vor sich selbst muss man es bis zum Geht-nicht-mehr verleugnen. Dagegen konnte Shayan keine schönere konspirative Erfahrung gemacht haben als diejenige mit Malou,

auch wenn die Handlungen verdeckt, die Entdeckung

---

[53] Heinemann, E., Die Frauen von Palau, Zur Ethnopsychoanalyse einer mutterrechtlichen Kultur, Fischer (1994)

neugierig, die Enthüllungen kindlich waren.

Doch die Art der Enthüllung durch ein Pass-Wort brachte von innen her alle seine Komplexe in Bewegung. Jetzt rückte er auch noch mit der Geschichte einer Tante heraus, die sich monatlich Geld vom Vater holte, und von der Shayan bis vor kurzem nicht wusste, dass diese Frau gar keine Tante war, sondern eine frühere Geliebte des Vaters, mit der er ein Kind hatte. Er gab ihr wohl die monatlichen Alimente, und Shayan erschauerte auch bei diesem Gedanken und drückte sein Erstaunen und seine Verwirrung aus, das ihn befallen hatte, als er zum ersten Mal hörte, es habe im Leben des Vaters noch eine andere Frau gegeben und es existiere noch ein Halbgeschwister. Außerdem war es irgendwie grauenhaft gewesen, wie diese Frau draußen am Gartentor wartete, bis ihr jemand das Geld brachte. Sie wurde nicht ins Haus gelassen und stand mit gesenktem Kopf und scheuem Blick vor dem Zaun.

Für Kinder ist nichts schlimmer, als wenn die Ehe der Eltern brüchig wird. Mit der Erkenntnis über das Unglücklichsein der Eltern hatte das Problem für Shayan angefangen, und nun erzählte er all die Leidensgeschichten aus dem Familienclan, die erst jetzt nach dem Tod der Eltern zu heilen begannen. Der Seele tut es gut, alles vor einem Anderen offenlegen zu können, und es dann auch weiter so offen liegen zu lassen. Warum es erneut zudecken? Wenn es offen bleibt, wird man immer wieder einmal ein Stück verarbeiten, weil man auch an sich selbst die Fehler der Eltern wiedererkennt, und man sie vielleicht noch ändern kann. Der Ausdruck ‚Sich Aussprechen' zeigt schon an, dass einmal alles heraus und bis zum ‚Aus', zum Ende, verbalisiert werden muss.

Natürlich haben wir dies alles zum Teil nach klassisch psychoanalytischer Manier bereits aufdecken können, indem wir auf entsprechende Assoziationen gewartet, Hinweisen in Versprechern und Träumen nachgespürt haben. Aber wir hätten vielleicht viel mehr Stunden und Sitzungen gebraucht um Weiteres zu Tage zu fördern. Dass das „hurenfest" sein Wort war, sein unbewusster Gedanke, Seins einfach, hatte eine viel intensivere Wirkung und Bedeutung, als wenn ich als Therapeut ihm diesen Zusammenhang anhand vielschichtiger Träume und hunderter Einfälle gedeutet hätte. So wusste er, dass in ihm selbst noch etwas rumorte, raunte, grummelte, das mit den intimsten Erfahrungen des Menschen zu tun hat, und das er auf den Tisch legen musste. Die *Analytische Psychokatharsis* als zusätzliche, ergänzende Maßnahme zur herkömmlichen analytischen Psychotherapie erwies sich also als recht sinnvoll.

„Ich wollte doch der Astronaut sein, der vom Mars zurückkam und seine Tochter in den Arm nehmen konnte", brach es plötzlich aus Shayan hervor. „Ich wollte doch keine Hurengeschichten, sondern Heldentaten, aber wahrscheinlich hängt beides miteinander zusammen", beteuerte er scheinbar ganz klug und einsichtig. Ein einziger, zwar seltsamer, aber umso schlagfertigerer Gedanke aus der Tiefensprache der Seele demonstrierte diese aus der tiefsten Tiefe des Seelischen auftauchende

B(r)uchstaben-Rede, bei der ganz ähnlich und vergleichbar den Schnittstellen der *Formel-Worte* ein Schnitt zwischen ‚huren' und ‚fest' und zwischen ‚fest' und ‚Fest' zu sehen ist. Es ist eine ‚Interface-Sprache', uralt und doch ganz modern.

Solange seine Mutter lebte, hatte Shayan das Ziel weitgehendster Reife wohl nicht erreicht, doch in ihm selber konnte es noch nachreifen. Hesses Jüngelchen, vom Sinclair angefangen über Siddhartha, vom Steppenwolf bis hin zu Goldmund und wohl noch zu ein paar anderen, die ich nicht gelesen habe, aber bezüglich derer ich sicher bin, dass sie die gleichen unerfahrenen Muttersöhne sind – all diesen Jüngelchen ist die letzte Reife auch nicht gelungen. Sie wurden zwar gescheiter, einsichtiger, spiritueller und der Kunst und dem Leben gegenüber aufgeschlossener, aber taffe Männer, Väter, Familienoberhäupter, Lebenskönner und wissenschaftlich kreative Menschen, die für den gesellschaftlichen Fortschritt etwas leisten, wurden sie nicht. Warum eigentlich?

Hängt es mit Hesses eigener Lebensplanung zusammen, für die er drei Ehen gebraucht hat und – wie schon angedeutet – zwischen religiöser Askese und erotischer Libertinage hin- und herschwankte, ohne ein eigenes psychologisches Verfahren zu finden, das er in seinen Büchern hätte vermitteln können? Die Psychoanalyse war es eben nicht, sie hätte ihm sein Sprechen zu sehr zerlegt und er hätte dann so schreiben müssen wie James Joyce oder Ezra Pound, um nur zwei seiner Zeitgenossen zu nennen. Diese zwei haben ihr Geistesleben riskiert, um das auszudrücken, was man ausdrücken muss, um in den Kauderwelsch, ins Tohuwabohu des unbewussten Sprechens all der Menschen einzudringen, die in ihrer Zeit in mehr als die üblichen psychischen Verstrickungen geraten waren. R. M. Rilke lehnte wie erwähnt die Psychoanalyse ganz ab, und auch Sartre wehrte sich gegen sie, obwohl er ihr ganz nahe war. In seinem über zweitausend Seiten langen Werk über Flaubert versuchte Sartre, die Psychoanalyse psychologisch zu überholen, um seine Wehrhaftigkeit zu rechtfertigen. Das Buch ist gut geschrieben, aber ein Monsterding.

Freud konnte das Kauderwelsch, das Tohuwabohu und die Inspirationen in der ‚freien Assoziation' seiner Patienten vermittels des ruhigen Zuhörens verwenden, indem er die Ergebnisse vieler Assoziierer, Träumer und Phantasierer zu einer Theorie der menschlichen Psyche zusammenfasste. Ganz ohne Risiko blieb dieses Vorgehen freilich auch nicht, aber es war durch Wissenschaftlichkeit abgesichert. Trotzdem fehlt noch genau der Teil, an dem Hesse so nahe dran war, den er aber nicht definitiv ausdrücken konnte. Der Psychoanalytiker S. Leikert nennt diesen Teil, den er in der klassischen Psychoanalyse durch die zunehmend erstarrend in Richtung der sprachbasierten, an Lexemen orientierten Arbeitsweise verdrängt sieht, „kinästhetische Semantik".

Diese betrifft die Psychoanalyse, die sich mehr auf die Semantik der Wahrnehmung, der Ästhetik, Rhythmik und Binnensensibilität bezieht (eine vom griechischen kineo, bewegen, abgeleitete Bedeutungslehre).[54] Auch der Psychoanalytiker R. Zwiebel betont diese mehr meditative, rhythmische und kathartische Seite, die in der Psychoanalyse von heute umfangreicher berücksichtigt werden sollte. Es ging auch ihm mehr um die kreative, finale Seite des Unbewussten und nicht nur um die linguistisch kausale. Zwiebel bezieht sich auf Yoga und Zen und auf die Freud'sche Selbstbeobachtung und -analyse,[55] bei der es ja ursprünglich auch mehr um die innere Wahrnehmung, die Binnen-Bedeutung ging. Diese ist eng mit dem Begriff der ‚Aufmerksamkeit' verbunden, der von Freud nicht besonders ausgestaltet wurde. Ich gehe hier mit Lacan in eins, dass die ‚Aufmerksamkeit' dem Wahrnehmungstrieb, dem Schautrieb direkt zuzuordnen ist.

Und so haben in meiner analytischen Therapie mit Shayan genauso die Erweckung ganz tiefer psychischer Schichten wie die der Binnen-Erfüllung, -Erspürung, und der wahren ‚Aufmerksamkeit', gefehlt. Wir sind nicht genug an den ‚Nabel' des Unbewussten herangekommen, an dem im Traum die ‚Aufmerksamkeit' den Traum-Pilz emporwachsen lässt, tagsüber aber auch die Schaulust ihre Objekte findet. Ich erinnere daran, dass die Tätigkeit des Schautriebs, der primären ‚Aufmerksamkeit', immer gekreuzt wird vom Sprechtrieb, vom ‚Anspruch', der

---

[54] Leikert, S., Schönheit und Konflikt, Umrisse einer allgemeinen psychoanalytischen Ästhetik, Psychosozial Verlag (2012)
[55] Zwiebel, R., Weischede, G., Neurose und Erleuchtung, Klett-Cotta (2009)

genauso mit den Objekten zu tun hat, indem er sie mit Bedeutung versieht.

Nichts hat darauf hingedeutet, dass noch so viel Schuld-Scham-Komplexe in Shayan steckten und es bei ihm vielleicht auch noch um einen Wunsch nach Vatersein und nach schöpferischen Tugenden für die Gemeinschaft und für die Gesellschaft gehen könnte. Der Gedanke an Vaters Geliebte, an das Problem, ein unbekanntes Halbgeschwister zu haben, die Erinnerung an Malou und vieles andere war einfach nicht dagewesen. Doch die Methode mit den *Pass-Worten* hat in dieser Richtung etwas bewegt. Wohl angeregt durch all diese Deutungen und nachdem weitere Monate vergangen waren, in denen wir wieder viermal zusammen saßen, dachte er darüber nach, seinem Leben eine ganz andere Richtung zu geben und Mira zu heiraten.

Miras indische Duldsamkeit hatte sich bewährt, aber auch Shayan hatte sich geändert. Er sah ein, dass er zu seinen Beziehungen stehen musste und nicht alles so halb in der Luft hängen lassen sollte. Es war zwar nicht mehr die heiße, frühe Liebe im Spiel, jedoch auf keinen Fall ein resignativer Kompromiss oder eine nachgeholte Pflicht, wenn auch vielleicht ein wenig davon mitschwang. Der Hauptgrund für seine endgültige Entscheidung Mira zu heiraten, war jedoch die Erfassung eines neuen *Pass-Worte*s gewesen, das einige Zeit später in ihm aufgetaucht war: „Du bist nicht unumkehrbar."

9. Die doppelte Verneinung

Erneut ein sonderbares *Pass-Wort*, aber auch ein schönes Rätselwort, wie es schöner Pythia im Orakel von Delphi nicht hätte hervorbringen können. Shayan und auch mir war wiederum der Sinn ziemlich schnell klar. Shayan selbst hatte schon einmal davon gesprochen, dass er etwas in seinem Leben ändern, ja umkehren müsste und vielleicht wieder nach Indien zurückkehren sollte. Er stand immer noch in ständiger Korrespondenz mit indischen Freunden und Verwandten, die ihm wichtig waren. Aber dies war nur ein Aspekt mehr oberflächlicher Art. Doch nach der Vermittlung des neuen *Pass-Wortes* dachte er sogleich an Mira, dass er hier endlich etwas ‚umkehren' müsste, und war nunmehr fest dazu entschlossen. Er hatte ihr sofort davon erzählt und sie waren zum besten ‚Inder' der Stadt essen gegangen, um die Sache zu besiegeln. Erstaunlich war auch die Tatsache, dass er die Stimme, die ihm dieses *Pass-Wort* vermittelte, zwar als seine Gedanken erkannte, er sie aber mit keiner Person in Verbindung brachte. Dies war ja auch nicht unbedingt notwendig.

Dennoch rätselte Shayan darüber. „Es war offensichtlich nicht Miras Stimme, die Ihnen doch zurzeit besonders vertraut sein müsste," deutete ich, setzte jedoch noch gleich eine weitere Frage dahinter, weil ich spürte, dass meine Deutung zu früh und zu weitgehend war. Denn mit dieser Äußerung hatte ich wahrscheinlich vor seinem inneren Auge Miras Gestalt, die anstehende Hochzeit und irgendwelche ihrer letztgemachten Äußerungen aufscheinen lassen, anstatt Shayans eigene, weitere Assoziationen abzuwarten. So versuchte ich also meinen Fehler gutzumachen und sagte also: „Ob man das *Pass-Wort* als Stimme auffasst, ist eine Frage der Theorie," doch Shayan hatte meine Assoziation zu Mira bereits festgehalten und eigene Einfälle zum Klang der Stimme weggeschoben und – wie anscheinend schon oft – gänzlich verworfen, was wohl mein Fehler verursacht hatte.

Das sollte noch zur Sprache kommen. Das *Pass-Wort* des „nicht unumkehrbar" hatte etwas mit Mira zu tun, so dachte er also und so wollte er es denken. „Ich habe es immer hinausgezögert", beteuerte er mir, „ich wollte es nicht wahrhaben, dass es ihr innigster Wunsch war, dass ich sie heirate. Und ich selbst habe ebenso stets den Gedanken gehabt, dass ich unsere Beziehung legitimieren müsste. Irgendetwas rumorte in mir, ständig in diese Richtung. Ich sollte umkehren. Also habe ich zu ihr gesagt: Morgen heiraten wir."

Ich hatte dennoch weiterhin ein drängendes Gefühl, dass meine zu frühe Intervention zu dem Klang der Stimme ein Fehler war. Man kann gar nicht genug betonen, wie ein zu frühes und zu gutes Verstehen sich negativ auswirken kann. Die Deutung, die der Therapeut gibt, darf keinen definitiven Sinn haben. „Eine Analyse kommt nicht deswegen zum erfolgreichen Abschluss, weil der Patient etwas bewusst erkennt. Es geht nicht um eine Bewegung ins Bewusstsein, sondern ins Sprechen. Und dieses

Sprechen muss von jemandem gehört werden".[56] Der Analytiker darf nur Zuhörer sein und Interpretationen nur entlang von Interpunktionen geben, nicht von Inhalten.

Auch wenn der Patient wieder etwas Seltsames ausspricht, muss man dies so lassen, bis er etwas aussprechen kann, das seine kranken Phantasien oder Symptome auflöst. So verabschiedeten wir uns ohne einen weiteren Termin zu vereinbaren, da Shayan nun mit den Vorbereitungen für seine Heirat sehr beschäftigt war. Es dauerte natürlich etwas länger, bis der Hochzeitstermin feststand, alle Regularien getätigt und die Freunde eingeladen waren. Wir sahen uns in dieser Zeit also nicht, ein paar Tage vor der Hochzeit jedoch rief Shayan mich an, er brauche dringend einen Termin.

Es sei in ihm etwas hochgekommen, das er mir unbedingt berichten müsste. Er erschien einen Tag später sichtlich unruhig, aber nicht verstört. „Erinnern Sie sich", begann er sogleich, „dass ich Ihnen sagte, die Stimme des ‚Du bist nicht unumkehrbar' habe nach einer Stimme geklungen, aber ich wusste nicht, wem ich sie zuordnen sollte und ich brauchte dies ja auch nicht. Doch inzwischen, als ich mich nochmals genau an das „Du bist nicht unumkehrbar" erinnerte, ist es mir ganz klar geworden: Es war die Stimme Ranjas, obwohl ich von ihr seit dreißig Jahren nichts mehr gehört und auch damals kaum einen Laut von ihr wahrgenommen habe." Shayan schwieg, als hätten

---

[56] Lacan, J., Autres Écrits, Ed. Seuil (2001) S. 139

ihm bereits diese Worte zugesetzt und ihn sprachlos gemacht.

Ich nickte nur kurz, fühlte mich bestätigt, dass sich hinter diesem Stimmklang etwas verbarg, und sah einen Film vor mir ablaufen, der wie ein uraltes indisches Epos klang, eine Geschichte von altehrwürdigen Generationen, von uralten Gesetzen und Regeln, die schön waren und – ich wechselte in meinen Gedanken zu unserer eigenen abendländischen Geschichte – voll von alttestamentarischer Ethik. Im Raum stand das Wort von dem „nicht Unumkehrbaren", und jetzt erschien es irgendwie doch umkehrbar, obwohl Shayan noch gar nichts Weiteres gesagt hatte. Ich hatte beim ersten Mal, als Shayan die Stimme erwähnt hatte, perfekt zu verstehen geglaubt, dass dieses Phänomen mit der bevorstehenden Hochzeit von Mira und ihm zu tun habe und vielleicht die Stimme seiner Mutter sei.

Ich hielt mich diesmal jedoch strikt zurück, etwas zu sagen. Wie vorhin betont, ist nichts hinderlicher in der Psychoanalyse, als zu glauben, man habe einen psychisch unbewussten Zusammenhang verstanden, wenn dieses Verstehen zu schnell, zu früh oder zu gut geschieht. Das Verstehen muss man dem Patienten überlassen, aber noch wichtiger ist es, „das Unaussprechliche in Worte zu fassen".[57] Ich musste einige Zeit warten, bis Shayan sich wieder gefasst hatte und weiterreden konnte.

---

[57] Fink, B., in Storck, T., Zur Negation der psychoanalytischen Hermeneutik, Psychosozial Verlag (2012) S. 295

„Irgendetwas in mir ist zu ihr zurückgekehrt", sagte er endlich, und es klang so, als wäre es eine Beichte, eine Generalabrechnung mit sich selbst, denn er konnte nur stockend und wie von Trauergefühlen übermannt weiterreden. „Es ist mit voller Wucht wieder in mich eingedrungen, dieses Schamgefühl, diese hauchdünne Zartheit, Ranjas nur eine halbe Sekunde dauerndes Lächeln, meine aufwallenden Gefühle und gleichzeitige Verlegenheit, alles, ein ganzes in einem Moment zusammengefasstes Drama, Ranja! Warum habe ich mich damals so gewehrt?! Ich war jung, ich hatte keine Ahnung, wer sie war, und wollte noch die ganze Welt sehen. Irgendetwas gefiel mir nicht an ihr, aber heute glaube ich, dass es mit ihr gar nichts zu tun hatte, sondern nur mein Auflehnen gegen die Eltern war. Ich wollte auf keinen Fall das, was sie wollten. Ich war nur Widerstand, das war alles."

Unter Tränen erzählte mir Shayan die lange Geschichte dieses unglücklichen Aspekts in seinem Leben, der zurückgehaltenen Gefühle, der nie ausgesprochenen Gedanken, der seltsamen Träume, die ihn immer wieder nach Indien zurückführten. „Immer wieder denke ich jetzt, sofort nach Indien fahren zu müssen, um mit Ranja zu sprechen. Ich muss sie wiedersehen, ich muss sie um Verzeihung bitten, ich muss ihr erklären, dass alles ein unglücklicher Schicksalsspruch ist, ein Fluch, der uns auseinandergetrieben hat und dem ich bereitwillig gefolgt bin. Ja, ich erinnere mich jetzt, dass ich nach einem einzigen Moment der ganz tiefen Liebe zu ihr diese Regungen brutal unterdrückt habe. Ich muss ihr das jetzt offenbaren, ich muss die Schuld auf mich nehmen. Ich habe ein Verbrechen begangen."

„Ich glaube jetzt nicht", fuhr Shayan dann jedoch und etwas besonnener und wieder mehr zu sich selbst gekommen fort, „dass deswegen irgendetwas mein äußerliches Leben verändert oder verändern wird. Es handelt sich eher um mein inneres Leben, das aufgewühlt und durcheinandergeraten ist. Ich fühle mich mit einem Mal so schuldig und schäme mich so. Es hat nichts damit zu tun, dass ich Ranja nicht geheiratet habe. Aber ich habe ihr Unrecht zugefügt, ich habe sie stehen lassen, ich habe nicht mit ihr gesprochen und ihr meine Gedanken und Gefühle erklärt und mir die ihren angehört. Wir haben nie wirklich miteinander kommuniziert. Ich muss jetzt ständig daran denken, was wir uns gesagt hätten, wie die Gespräche verlaufen wären, wohin wir damit gelangt wären. Nacht für Nacht spreche ich mit ihr."

„Aber was steht hinter dem Ganzen?", fragte ich Shayan. „Sie erkennen jetzt, dass Sie Fehler gemacht haben. Aber damals konnten Sie dies in dem Ausmaß, in dem Sie die Angelegenheit jetzt betrachten, gar nicht sehen. Trotzdem drängt irgendetwas in Ihnen jetzt nach weiterer Aufklärung. Ist denn in Ihnen der indische Traditionalismus wieder erwacht und bereuen Sie somit eventuell doch, dem Familiengesetz nicht nachgekommen zu sein? Trauern Sie den starken sozialen Regelungen nach? Was fällt Ihnen noch dazu ein?"

Shayan: „Nein, das ist es nicht. Meine Eltern haben die Familientradition zwar aufrechterhalten, aber nicht mit völliger Überzeugung. Nein, ich bin so unglücklich, weil ich die Chance vertan habe, mit einem Menschen, zu dem ich eine gewisse ernsthafte, wie von Jenseits her bestimmte und auch anscheinend emotionale Verbundenheit hatte, tiefe, auslotende und bewegende Gespräche zu führen. Ich stelle mir vor, dass wir uns die Liebe gestanden, aber allerlei Gründe vorgeschoben hätten, warum wir nicht zusammenbleiben könnten. Es ist irrational, widersprüchlich, aber ich stellte mir unseren Austausch mit Worten und zärtlichen Gesten so enorm inhaltsvoll vor und tue dies jetzt noch."

„So wie Sie dies jetzt schildern, erinnert es mich ein wenig an die Geschichte mit Malou. Da war doch auch so viel an verborgenem Gefühl, verdrängten Gedanken und nur behutsamsten Gesten im Spiel."

Shayan: „Ja, das stimmt. Es klingt erneut so, als hätte es einen Schicksalsspruch gegeben, und gäbe es diesen auch jetzt noch, nämlich dass ich so unschuldig scheinende, so zarte, aber doch tief gehende Bande, nicht zulassen dürfe, ja, zerstören müsse. Dazu muss ich gestehen, dass ich mir noch im Kindesalter Phantasien mit Ranja ausgemalt habe. Abends vor dem Einschlafen – ich war damals vielleicht gerade neun Jahre alt – umarmte ich sie und hatte ein seltsam wonniges Gefühl dabei. Das verging alles wieder, als die Geschichte mit Malou passierte. Aber von Malou weiß ich, ich habe es auch von ihren Freundinnen später gehört, dass ihre Liebe in der Phantasie kurz und stark aufgeblüht war, sie aber nicht erotisiert war, sie nicht davon wie von einer Obsession erfasst war. Sie war glücklich über die Geschenke, die ich ihr machte, und die sie sogar an ihre Mutter weitergab, weil diese tatsächlich unter der Armutsgrenze lebte. Aber bei Ranja, unbegreiflich, mir kommt es jetzt vor, als sei es bei ihr und mir eine immense Vertrautheit und Verschworenheit gewesen."

Shayan rang tief nach Luft, so als drücke ihm die ganze Geschichte die Atemwege ab. Doch dann holte er nochmals und wieder etwas gefasster aus: „Sie muss sich verstoßen gefühlt haben, und ich will mir gar nicht vorstellen, wie unglücklich ihr Leben vielleicht weiter verlaufen ist. Irgendwie fällt mir dazu Babu ein, denn er war es, der eigentlich gegen diese Konventionalehen argumentierte. Er war es, der einmal zu mir sagte: ‚Kümmere dich nicht um Ranja, das regelt sich von selbst.' Ich war damals tief betroffen: Wie konnte er so etwas sagen, sich so gegen die Regeln stellen! Aber auf der anderen Seite stellte ich mich ja auch selbst dagegen. Babu wird seinen Grund gehabt haben. Es war alles so schrecklich damals, es kommt mir heute jedenfalls so vor. Ich muss wohl alles ganz fürchterlich verdrängt haben."

„Babu war der Großvater mütterlicherseits", fragte ich. „Fällt Ihnen zu ihm noch etwas ein?"

Shayan stockte, was natürlich wieder das Zeichen eines Widerstandes war. Offensichtlich wollte er gegen seinen geliebten Babu nichts sagen. Er wollte sein ideales Liebesobjekt nicht beschädigen, dachte ich mir. Es handelt sich um die gleiche Schutzmaßnahme, die Shayan gegenüber Tulsi Sahib einnimmt, dem er sogar völlig widersprüchlich zu dessen Heiligkeit und Ansehen die Weisung zugesprochen hatte, ihn ins Bordell zu schicken. Meine Nachdenklichkeit ließ Shayan etwas Neues sagen.

„Zwischen meiner Mutter und Babu gab es kein gutes Verhältnis. Warum, weiß ich nicht. Es gab einmal einen für meine Optik nicht so tragischen Vorfall von zwei, drei Sekunden Dauer, aber bedeutungsmäßig wohl schwerwiegend, verletzend. Meine Tante hier in Deutschland hat es mir erzählt, zu Hause sprach niemand davon. Babu war damals vielleicht vierzig, meine Mutter fünfzehn. Ein Freund Babus war da, und Babu sagte zu ihm: „Willst du mal eine nackte Frau sehen?", und riss die Badezimmertüre auf, wo meine Mutter unbekleidet stand. Sie soll laut aufgeschrien haben, Babu knallte die Türe sofort wieder zu und entschuldigte sich später tausendmal. Ob diese Bitten um Verzeihung jemals etwas bewirkt haben, weiß ich auch nicht. Wahrscheinlich nicht."

„Mit Sicherheit nicht", sagte ich zu Shayan. „Das Böse war nicht in erster Linie die Peepshow von zwei Sekunden, sondern die Worte, die die Mutter wahrscheinlich noch gehört hat oder es ihr vermittelt wurde. Die Worte, die sie zu einem sexistischen Stück Fleisch haben werden lassen, und sie ja denken musste, dass ihr Vater in ihr so etwas sah und sie als so etwas bezeichnete, quasi als Sexobjekt, als heruntergestufte Hure, die man einmal kurz zur Schau stellen kann. Das geht tief. Das vernichtet. Dieses „Willst du mal schnell 'ne Sexshow haben?" klingt desavouierend. Wahrscheinlich erkannte sie auch, dass er in Bezug auf ihre Mutter, also seine Frau, und ebenso auf andere Frauen gleichermaßen verletzend war."

„Ja, Babu war kein Heiliger, kein Gott, er war nur ein einfacher, alter Mann", sagte Shayan resignierend zu mir. Es klang, als würde er jetzt den letzten seelischen Halt hinsichtlich seiner Vergangenheit verlieren müssen und die letzte Bastion von Religion, Ethik und Menschenwürde zusammenbrechen sehen. Ich hatte jetzt nur noch Angst, dass er sich nun umso mehr wieder an die Figur Tulsi Sahibs klammern würde, aber so weit kam es nicht. Babu war schon zu lange tot und konnte besser vergessen werden. Nach einiger Zeit hatte Shayan sich weiter gefestigt und schwieg längere Zeit.

Für die Psychoanalyse ist es typisch, dass Geschehnisse, die für einen Außenstehenden nicht so erheblich und schwerwiegend wirken, wie in lang zurückliegender Zeit das Nicht-Zustande-Kommen der Konventionalehe und das Nicht-Gekonnthaben, sich mit einer so wichtigen Person auszusprechen, jetzt mit einem Mal so ungeheuer bedeutsam und beunruhigend werden können. Hier zeigt sich sicherlich wieder das Dilemma zwischen Ost und West, wie ich es bezüglich Kakars Buch ‚Der Heilige und die Verrückte' erwähnt habe. Aber wie man sehen konnte, stecken hinter dem einfachen Vorgang noch zahlreiche andere assoziative Verbindungen, die wieder andere unverarbeitete Dinge zutage fördern. Plötzlich bekommt so der gesamte Verbund der Familie Amand ein anderes Gesicht. Scheinbar unvermittelt wird aus dem Heiligen, für den man Babu gehalten hatte, ein ganz normaler Sterblicher, der verstörende Fehler gemacht hat, und der Schutzmantel wird sichtbar, unter dem sich die ganze Familie vor sich selbst und ihren Nachbarn versteckt hat.

Natürlich wollte man damals nichts von alledem nach draußen dringen lassen, aber innerhalb der Gemeinschaft hätte man vieles besprechen und klären können. Es kamen noch ein paar weitere Vorfälle zur Sprache, die jedoch Shayan beruhigten, nachdem er sie erzählt hatte. Nach wie vor war aber nicht klar, warum ausgerechnet die Geschichte mit Ranja ihm jetzt so zugesetzt hatte. War es vielleicht gar nicht der Verrat an ihr, sondern der an ihm, an Shayan selbst, an dem machtvollen Über-Ich der indischen ‚Spiritualität'? Oder war es die Homophilie der damaligen Freundesbeziehungen, der er seine Liebesaufwallung geopfert hatte? Nichts war ihm ja peinlicher gewesen, als vor den Freunden und vor allem vor Arun versagt zu haben. Die Freundesliebe stand hier weit vor der Geschlechterliebe. Vorerst war er jedoch wieder besänftigt und gefasst und sagte:

„Mit Mira hat dies alles nichts zu tun. Ich bleibe bei der ‚Umkehr' zu ihr, ich werde sie in drei Tagen heiraten und freue mich auf dieses Fest und die Hochzeit. Die Sache mit Ranja kann ich verarbeiten, ich bin ja nicht alleine schuld, auch ihre Eltern haben sich ganz blöd benommen. Ich denke zwar daran, dass wir keine schlechte Ehe und zudem Kinder gehabt hätten. Doch das ist nur so eine nachträgliche Phantasie. Mira ist die eigentlich wichtige Person in meinem Leben, in gewisser Weise war mir dies immer klar. Ich verlor es nur manchmal aus den Augen und zudem war ich viel zu sexistisch. Ich verstehe auch, dass diese Missbrauchs-Worte Babus meine Mutter schwer getroffen haben müssen. Aber alles ist umkehrbar", sagte Shayan fast beglückt.

„Der Schock der Worte ist viel schwieriger zu heilen als der Schock der Bilder", ergänzte ich nochmals. „Das ist ja auch der Grund, warum meine *Formel-Worte* so tief ins Unbewusste eindringen können. Sie sind eben doch noch Worte, *Signifikanten,* Bild-Wort-Wirkliches – nur sind sie solche, die sich auf keinen bestimmten Nenner festlegen lassen. Deswegen können sie nichts Falsches anrichten. Sie können" – sagte ich nun weiter nur zu mir – "lediglich etwas herauslocken, das schon da ist, ja, das schon unbewusst artikuliert ist und somit geradezu herausgelockt werden muss. Einmal ausgesprochen, ist alles erledigt. Doch dieses Aussprechen erleichtern die *Pass-Worte* ganz erheblich.

Ich entschuldigte mich danach, dass ich schon wieder so belehrend wirken würde, aber Shayan winkte ab. Er habe jetzt ja schon länger seine Meditation auf mein Verfahren umgestellt, es leuchte ihm von der wissenschaftlichen Seite her ein, dass der ‚linguistische Kristall' die modernere und intellektuell vernünftigere Version des ohnehin gleichen Vorgangs sei. Damit war meine Besorgnis, Tulsi Sahib könnte Freud immer noch übertrumpfen, beseitigt. Wir sprachen noch einige Zeit über die doppelte Verneinung im Ausdruck des „Nicht unumkehrbar".

Die doppelte Verneinung hat nämlich in der Psychoanalyse eine besondere Bedeutung. Sie stellt nicht nur eine abgeschwächte Bejahung dar, so wie etwa der Satz „Er ist nicht untalentiert" heißen soll: ‚Er ist nicht genial, aber auch nicht ganz ohne Talent.' „Du bist nicht unumkehrbar" heißt dann: ‚Du gehst geradeaus, aber im Notfall kannst du umkehren.' Die doppelte Verneinung produziert nicht nur eine Art von Bejahung, sondern auch noch etwas Drittes, etwas Übergeordnetes. Bei dem „Er ist nicht untalentiert" kann man auch ein ‚Er hat sogar ein besonderes Maß an Talent' heraushören. „Du bist nicht unumkehrbar" lässt auch herausklingen: ‚Kehr doch endlich um!' Die zwei Begriffe „du bist nicht" und „unumkehrbar" haben einen dritten Sinn und der hieß in diesem konkreten Fall: Mira und nicht Ranja.

Daran änderte sich auch nichts, als mir Shayan nochmals einen Traum erzählte, den er Wochen zuvor gehabt hatte: „Ich sah zwei Frauen, die miteinander rangen – so ähnlich wie beim Frauen-Wrestling. Man rief mich dann dazu, ich sollte zeigen, wie das wirklich geht, und ich glaube, es wurde dann einfach Wut daraus, diese Aufgabe angenommen zu haben, wobei es hieß – oder habe ich es gedacht –, eine der Frauen sei Ranja, mit der ich es zu tun bekam, und was mich sofort aufwachen ließ." Dieser Komplex muss schon lange in ihm rumort haben, meinte Shayan schließlich noch und wirkte dabei sichtlich erschrocken darüber, dass es sich um eine so gewaltsame Szenerie gehandelt hatte. „Habe ich vielleicht doch das Böse in mir, von dem Hesse immer geredet hat?", beteuerte er zum Schluss fragend.

Es war nicht das Böse, es war das längst Notwendige. Diese frühe Kinderheirat hinterlässt einen viel stärkeren

Eindruck, als es das äußere Geschehen glauben machen will. Diese Rituale, die mit viel Blumenketten um den Hals, mit ein paar Beschwörungsformeln und mit einem nur für kurze Zeremonie getragenen Seidengewand, fühlen sich für die Kinder wie ein seltsamer Traum an, der in tiefen alten Ängsten wurzelt, auch wenn die Kinder dabei völlig teilnahmslos dasitzen. Die Mädchen sollen verheiratet werden, wenn sie sicher noch Jungfrauen sind, oder es geht um wirtschaftliche Gründe und die Angst vor der Verurteilung durch die Dorfgemeinschaft. Bei vielen Kindern bleibt das dunkle Raunen der frühen Ehegelöbnisse das Leben lang in ihnen stecken. Schließlich hat es ja doch Momente gegeben, in denen die Kinderheirat wie ein übernatürlicher Pakt, ein Gottesurteil über den Kindern schwebt.

Es muss ja nicht um so eine Aussage gehen, wie sie Thomas Mann in seinen Buddenbrooks anführte, nämlich um das in Stein gemeißelte Statement: „Das rechte Vertrauen der Welt gewinnt man erst, wenn man Hausherr und Familienvater ist" und darüber hinaus ein Werk schafft, das Geltung in der Gesellschaft hat, Anerkennung auf höherer Ebene usw. Gewiss war es das, was unter anderem Shayan bisher vielleicht gefehlt hatte. Nur so kann man es ihm als Psychoanalytiker nicht sagen und schon vor allem deswegen nicht, weil in seiner Seele dieses Raunen noch hörbar war. Sein eigenes Unbewusstes musste es ihm so sagen, dass es von ihm selbst als Gedanke herauskommt, und dies vermag die *Analytische Psychokatharsis* anscheinend oft leichter zu bewältigen als die klassische Psychoanalyse, in der man diesen für böse gehaltenen Traum wohl wieder auf den Mutterkomplex zurückführen muss, nachdem man den Patienten dazu noch längere Zeit Einfälle und Assoziationen beisteuern lässt.

In der *Analytischen Psychokatharsis* dagegen kann man auf weitere *Pass-Worte* warten. Wenn man zu sich selbst gedanklich sagt „Du bist nicht unumkehrbar", dann impliziert dieser Gedanke doch, dass man schon vorher etwas in sich hatte, das ein ‚Umkehren' beinhaltete. „Du bist nicht unumkehrbar" ist ja bereits die Antwort auf die im Unbewussten oder Halbbewussten oder sonst wo gestellte Frage nach der ‚Umkehr', nach dem entscheidenden ‚Umkehren'. Wieder aufflackernde aggressive oder sexistische Träume werden an dieser ‚Umkehr' nichts ändern, auch wenn sie nicht bedeutungslos sind und die berechtigte Frage auftaucht: Warum war es in diesem Traum ausgerechnet wieder Ranja?

Ich denke, dass sich mit ihrem Namen der stärkste Bedeutungskörper, *Signifikant*, den es in Shayans Leben gab, nämlich ‚Heirat', ‚Mann-Frau-Beziehung', ‚lebenslange Verbundenheit', mit dem gegenteilig-widersprüchlichen *Signifikanten* ‚Freiheit', Grenzenlosigkeit', und dann der Verrat an all dem, indem die Beziehung abgelehnt, abgeschafft und irgendwie vergessen wurde. Wahrscheinlich hat Ranja noch eine Zeit lang intensiv auf den endgültigen Eheschluss gewartet, als der Zeitpunkt dafür näher rückte. Wahrscheinlich fühlte sie sich beschämt und gekränkt. Man hatte sie ja erst spät über den Vertragsbruch informiert, nämlich erst, als Shayan aus Mumbai zurückkam. Es ist nicht schwer, sich vorzustellen, dass Ranja schwer betroffen und verletzt war. Shayan hatte schon recht, dass er mit ihr hätte reden sollen. Aber alles war mehr als dreißig Jahre her.

Fast automatisch hat Shayan nunmehr im Sinne der ‚Umkehr' gehandelt. Er hat sich zu Mira umgedreht, die immer schon hinter ihm hergeschaut hatte. Auch zu ihrem ‚*Strahlt*' hat er lange Zeit kein dazugehöriges ‚*Spricht*' geäußert. Das Auftreten der *Pass-Worte*, das jetzt Shayans ganz eigenes ‚*Spricht*' gewesen ist, hat alles verändert. Jetzt wirkt nicht mehr nur das ‚*Strahlt*' der Blick-Entsprechungen, wie man es ja auch zur Hypnose therapeutisch genutzt hat,[58] und was zur Katharsis, zur Befreiung von den Symptomen führte, sondern auch das ‚*Spricht*', das ein viel besseres Gedächtnis hat. Die Katharsis hält nicht lange an, und um etwas für lange Zeit im Gedächtnis zu speichern, braucht man das Wortbezogene, die klare *Signifikanten*-Kombination, an die man sich noch nach sechzig Jahren erinnert, während die Bilder schon verblasst sind. Das „nicht unumkehrbar" hat intensiv in Shayan nachgewirkt, und jetzt wird er eben heiraten. Schon gleich nach Shayans letztem Besuch bei

---

[58] Freud, S., GW Bd. XIII, S, 140. Freud bezieht sich hier darauf, dass der Therapeut seinen eigenen Blick oder aber einen ‚glänzenden Gegenstand' verwendet hat, um den Patienten in Trance zu versetzen. Mit dem Glanz hat man also immer schon operiert, und wenn die Wahrsagerin in eine Kristallkugel blickte, so hat sie für sich selbst genau das Gleiche getan, was Shayan mit seinem ‚Darshan' probierte.

mir hatten beide im Standesamt ihr Ja-Wort gegeben. Und dann hat es nochmals einige Zeit nachgewirkt, und so heiratete er nicht nur Mira, sondern kehrte noch weiter um, wie er mir bei einem weiteren Treffen eines Tages mitteilte.

Shayan und Mira adoptierten nämlich nach einiger Zeit auch zwei südindische Waisenkinder im Alter von sieben und acht Jahren. Sie wollten eine Familie, und sie wollten auch armen und in schlechten Verhältnissen aufwachsenden Kindern helfen. Jamal und Nia lebten seit Jahren in einem Waisenhaus in Cochin (Kerala). Die Eltern waren durch einen Unfall ums Leben gekommen und weitere Verwandte gab es nicht. Dass sie nach Deutschland kommen sollten, war für sie anfänglich eher mit Angst und Unsicherheit verbunden. So armselig sie in Kochin lebten, so waren ihnen doch die anderen Kinder und auch eine der Betreuerinnen in einer Weise vertraut, dass sie zuerst das Heim mit Shayan und Mira gar nicht verlassen wollten. Doch Shayan versicherte ihnen, dass er nördlich der Stadt, an der Malabarküste ein kleines Haus kaufen will, und dorthin würden sie bald zu einem Urlaub wieder zurückkehren. Alles war wie im Traum geregelt.

Shayan kam jedenfalls noch ein weiteres Jahr in größeren Abständen zu mir und hatte noch ein paar Mal *Pass-Worte* erfahren, doch sie haben nichts mehr Wesentliches zu seiner Entwicklung beigetragen – bis auf eines zum Abschluss, von dem ich noch berichten werde. Es genügt vorerst sicher, wenn ich noch ein bisschen über den weiteren Verlauf der Geschichte von Shayan und Mira und ihren Kindern Jamal und Nia ganz allgemein etwas erzähle. Schon innerhalb eines Jahres hatten die Kinder die deutsche Sprache so gut erlernt, dass man hätte glauben können, sie seien hier aufgewachsen. Aber dieses Phänomen ist bekannt: In diesen frühen Jahren gewöhnen sich die Kinder schnell an die neuen Worte und Sätze. Die Hauptsprache in Indien ist Englisch, und von daher hatten sie ohnehin keine Schwierigkeiten in der Schule.

Auch hatte Shayan tatsächlich nördlich von Cochin direkt am Strand ein kleines Grundstück erworben, auf dem ein altes Haus stand, das gerade groß genug war, um die kleine Familie dort aufzunehmen. So konnten die Kinder Malayalam, die Heimat-Sprache, die sie früher gesprochen hatten, wieder auffrischen. Üblicherweise würden sie in dem Alter, in dem sie waren, die Muttersprache schnell wieder verlernen. Bei einem Wechsel in ein anderes Land mit sechzehn, siebzehn ist dies dann meist nicht mehr der Fall. Aber so wurde für alle die Malabarküste zur zweiten Heimat. Einmal im Jahr flogen sie alle nach Cochin und besuchten dann auch das frühere Waisenhaus. Natürlich brachten sie den dort verbliebenen Kindern alles Mögliche mit, Spielsachen, Kleidung oder sonstige Dinge, die sich die Kinder dort schon – über email-Kontakte zu den Amands – gewünscht hatten.

Es war nicht leicht, dort alles gerecht zu verteilen, aber ebenso nicht leicht, wieder Abschied zu nehmen. Doch ein weiteres Pass-Wort half Shayan über alles hinwegzukommen. „Sattsam ist es", lautete die Formulierung, die ihn allerdings gar nicht an die deutsche Bezeichnung für ‚hinlänglich' oder ‚genügend' erinnerte. Die Vokabel ‚sattsam' stammt von mittelhochdeutsch *sat* („satt, gesättigt, genügend") und bezieht sich auf etwas, das überreichlich ist und zur vollen Sättigung führt. Es besteht ein Bezug zum gotischen *saþs* („satt") und zu lateinischen *satis* (genug) und *satur* (‚gesättigt').[59] Doch Shayan meinte bezüglich des Wortes ‚sattsam' das indische Wort ‚Sat Naam' herauszuhören.

Das ‚sat' in ‚Sat-Naam' bezieht sich eher auf das deutsche Wort ‚Sein', das aus Lateinischen ‚essere' stammt. Im Sanskrit bedeutet es aber auch ‚Wahrheit', ‚Wesentlichkeit' und ‚Naam' hat mit Name und Wort zu tun. Auch die Buchstabenfolge ‚sam', die aus ‚langsam', arbeitsam' und anderen in üblicher Verwendung steht, spielt in den Bedeutungsreichtum von ‚sattsam' hinein. ‚Sam' heißt auch ‚eins', ‚samt', ‚Same'. ‚Sat Naam' ist ein allgemein bekannter Ausdruck für eine in Indien übliche Meditationsformel. Da diese Formulierung also einen umfangreichen Bezug auch zum Lateinischen und Deutschen hat, kann man freilich sehr viel in diesen Ausdruck hineinlegen, und trotzdem kristallisiert sich so etwas wie ein ‚Ursprungs- oder ‚Samen-Wort', ein Ur-Wahres heraus.

So jedenfalls wollte Shayan es verstehen und es in Zukunft auch in seine Meditationen hineinnehmen. Ich sah ihn schon als einen Weiterentwickler der *Analytischen Psychokatharsis* an, aber dazu ist es dann doch nicht

---

[59] Kluge, F., Etymologisches Wörterbuch, De Gruyter (1989)

gekommen. Denn nach etwa sieben oder acht Jahren der Bekanntschaft verlor ich ihn und seine Familie aus den Augen. Ich traf ihn noch einmal Jahre später bei einer Einladung von einem Bekannten, der mit einer Inderin verheiratet war, aber wir konnten kaum etwas reden. Denn Shayan wollte sicher nicht, dass ich ihn als Psychoanalytiker kenne. Niemand soll wissen, dass man in Psychotherapie war, gewiss ein Vorurteil, aber voll verständlich.

10. Anhang zum Verständnis der praktischen Übungen der *Analytischen Psychokatharsis*

Erste Übung. Das Verfahren ist, wie betont, von seiner praktischen Seite her sehr einfach. Man sitzt in bequemer Haltung (anfänglich mit geschlossenen Augen) und wiederholt in der ersten Übung rein gedanklich, langsam hintereinander zwei, drei oder bis zu fünf *Formel-Worte*,[60] während man gleichzeitig darauf achtet, ob im Inneren vor einem etwas auftaucht, das den Charakter eines „*Strahlt*-Punktes', eines Es *Strahlt* (des Erscheinungs-Wirkenden) hat. Es kann einem wie Licht vorkommen, hat aber mit dem physischen Licht nichts zu tun. Es kann sich vielmehr um eine Erhellung, Körperbildwahrnehmung, ein Schimmern, eine ‚Luzidität' oder irgendetwas Ähnliches handeln, dem eben solch ein Phänomen zukommt. Lacan spricht diesbezüglich auch von einer ursprünglichsten ‚Phosphoreszenz'.

Dabei bezieht sich Lacan ganz klar auf etwas Gegebenes, etwas, was dem sogenannten Primärprozess des Triebs, der Vorstellungsrepräsentanz, zugehörig ist. So kann es sich auch als ein körperhaftes Durchschauern, ‚Durchrieseln', ereignen, das schon Goethe in seinem Faust als „der Menschheit bestes Teil" nominierte.[61] Diese Er-

---

[60] Weitere *Formel-Worte* sind in anderen Veröffentlichungen oder auch auf der hinten angegebenen Webseite zu finden. Vorerst genügen die hier im Text und Anhang erwähnten drei. Mehr als fünf sollte man in nicht verwenden.
[61] Goethe, W., Faust II, Vers 6272

fahrung verdeutlicht am stärksten das, was ich, aber auch schon die Autoren der Antike, als Katharsis bezeichnet haben. Wie im Text gesagt sind Furcht, Angst als Form des Erscheinungs-Wirkenden, und Mitgefühl als Form des Wort-Wirkenden zwei Grundkräfte, die in der Katharsis zusammengeführt werden. In der Antike verwendete man dafür die Tragödien des Sophokles und anderen Autoren, heute ist es die *Analytische Psychokatharsis*.

Bei ihr kommt es – aufgrund der sich erhebenden Katharsis – spontan, anfänglich aber oft erst in einer zweiten Übung (siehe später) durch Konzentration auf ein Nach-Innen-Hören zu einer Antwort (*Pass-Wort*) auf diese erste Übung. Das Erscheinungs-Wirkende, das *Strahlt*, ist also nicht etwas, das man selbst imaginieren, erzeugen oder gar erzwingen muss. Es ist in jedem Menschen als Primärform eines im Hintergrund wirkenden Kräftegeschehens vorhanden und muss so nur geweckt oder erwartet werden. Genauso kann aber auch ein ‚Durchrieseln' zu spüren sein oder die Empfindung auftauchen, wie das eigene Körperbild sich verschiebt, sich weitet oder es einfach nur als schwarze Farbe, Fleck vor den geschlossenen Augen festzustellen ist.[62] Egal was auch

---

[62] Ich erwähne nochmals, dass die Erfahrung des ‚Durchrieselns' etwas mit atavistischen Gefühlsreaktionen zu tun hat, also z. B. mit einem den Rücken herunterrieselnden Schauer bei einer ergreifenden Musik oder bei den tiefgehenden Emotionen der Frühmenschen, die noch viel mit ihrer unbedeckten Haut gefühlt, ertastet und umweltbezogen kommuniziert haben. In der *Analytischen*

immer ‚gesehen' oder erfahren wird, es wird den Charakter von einem auch nur ganz geringen *Strahlt,* Scheint, oder eines ‚*Strahlt*-Punkt' haben, und das genügt.

Man muss nicht einen Kurs besuchen, um diese Erfahrung zu haben, die ja authentisch als Aspekt des Wahrnehmungs-, Blick- oder Schautriebs in jedem Menschen vorhanden ist. Man kann die Übungen rein nach ausreichender Information durch den Text des Buches oder durch die kostenfreien Broschüren aus dem Internet und der hier formulierten Praxisbeschreibung selbst durchführen.[63] Während also anfänglich durch die Achtung auf das *Strahlt*-Phänomen bereits eine leichte Entspannung eingetreten ist, wird diese durch die gleichzeitig gedanklich wiederholten *Formel-Worte* vertieft. Es ist verständlich, dass durch das monotone, rein geistige Wiederholen dieser Formulierungen das *Strahlt*-Phänomen weiter begünstigt wird, was wiederum die Wiederholungsarbeit fördert. Beides, innerliches Wahrnehmen und rein mentales Wiederholen der *Formel-Worte,* schaukeln sich so zur intensiven Katharsis auf.

Hier erweist sich die Praxis als Beleg für die im Text gemachte theoretische Feststellung, dass Sprachliches, das nichts direkt sagt, eine viel stärkere meditative Wirkung

---

Psychokatharsis wird diese Erfahrung jedoch als Bestätigung einer Erkenntnis genutzt, z. B. bei den *Pass-Worten*.

[63] Texte wie ‚Die körperlich kranke Seele I' und/oder ‚Psychoanalyse / Meditation' können unter >analytic-psychocathar-sis.com< kostenfrei heruntergeladen werden. Ein Kontakt zum Autor kann unter g.vonhummel@web.de nachgefragt werden.

hat, als das gedankliche Wiederholen von Begriffen, Gebeten oder eindeutigen Aussagen, an denen man bewusst hängen bleibt und nicht die Tiefe oder Höhe des Unbewussten erreicht. Luther soll vor seinem Tod unruhig und nervös mit Gebeten gerungen haben. Mit einem *Formel-Wort* – hätte er gewusst, was das ist und wie es funktioniert – wäre dies nicht notwendig gewesen. Denn wer spricht denn diese irrationalen, jenseitigen, zerhackten Formulierungen, man selbst oder bereits der Tod, das Ich oder der *Andere*? Ein E N S C I S N O M oder I S N O M E N S, egal von wo aus man es liest, sagt nichts von dem, was es weiß, aber es hat trotzdem Sprachgewebe, nicht Syntax, sondern noch davor liegendes *Signifikant*es, Algorithmisches.

Mit dem Schwung der Katharsis kommt (manchmal schon unmittelbar) der wichtige Effekt zustande, dass der B(r)uchstabenmix der *Formel-Worte* durch die ‚défilés du signifiant' (die Engführungen des *Signifikanten*) hindurchgetrieben wird und die *Pass-Worte* erzeugt.[64] Nur dieses durch den ‚*Strahlt*-Punkt' Erhellte und durch die Katharsis körperhaft spürbar Gemachte und so aus dem Inneren Gehörte, sind die wahren *Pass-Worte*. Nur sie

---

[64] Oudee Dünkelsbühler, U., Zeugnis und Schrift: B(r)uchstaben an der Couch, Les Etats Généraux de la Psychanalyse (2001), worin der Autor die elementarsten Schnitt- und Bruchstellen im psychoanalytischen Prozess meint, wie sie sich im Traum, bei Versprechern aber auch bei den *Formel-Worten* als Bedeutung haben.

sind die aus dem Drang des ins Unbewusste Verdrängten entstehenden *Verlautungen*, die mit der Wahrheit des Unbewussten zu tun haben und ins Vorbewusste und schließlich durch die weitere Deutung ins Bewusste gelangen.

Vieles andere, das man ebenfalls hören kann, ist bedeutungslos und muss verworfen werden. Es genügt also nicht nur, dass die *Formel-Worte* rein formale Ausdrücke sind, die es in der üblichen Sprache so nicht gibt und die somit rein sprachlich das primär Unbewusste wecken. Es muss die Entspannung, die Katharsis, stark genug sein, um das Gehörte effektvoll zu machen. Das auch hier oben nebenan abgebildete RA-DIC-IT kein normales Wort aus dem Lateinischen, aber es beinhaltet mehrere sich überschneidende Bedeutungen in einer Formulierung, es ist „linguistisch kristallin" aufgebaut. Aber die *Pass-Worte* sind nicht unbedingt „linguistisch kristallin", sondern vor allem wahr.

Außer dem radiat und dicit (*Strahlt* und *Spricht*) ergeben sich im Kreis geschrieben und von verschiedenen Buchstaben aus gelesen mehrere unterschiedliche Bedeutungen. So können wir hier z. B. auch „adi cit r" (geh heran, es bewegt R) „C i tradi" (hundert I übergeben), „citra di" (diesseits die Götter), „dicit ra" (es sagt ra), „r adic it" (füge r hinzu, es geht), „radi cit" (gekratzt werden, es bewegt sich), „trad ici" (erzähle, ich habe getroffen) etc. herauslesen, wobei vieles recht unsinnig klingt. Dies hat jedoch für den formalen Ausdruck keinerlei Bedeutung. Ausschlaggebend ist hier nur, die wissenschaftliche Begründung (mehrere Bedeutungen in einer Formulierung, Verwendung mehrerer Schnittstellen) klar darlegen zu können, und dies ist für das Verfahren sehr wichtig, weil man nur so volles Vertrauen in die Methode haben kann. Vertrauen in einen Therapeuten allein genügt nicht, es muss durch klares Wissen gestützt sein.

Nochmals also: Es ist in bequemer Sitzhaltung und anfänglich bei geschlossenen oder halb geöffneten Augen ohne eigene Anstrengungen auf das *Strahlt* (‚Scheint‘, ‚Durchrieselt‘, ‚Luzidität‘, ‚*Strahlt*-Punkt‘) zu achten, während gleichzeitig langsam, monoton und rein gedanklich ein oder mehrere *Formel-Worte* hintereinander in Abständen und immer wieder neu wiederholt werden. Dies ist die erste Übung, die auf tatsächlichen Vorgaben der Psychoanalyse beruht, weil durch das mentale Reverberieren eine Regression (ein innerlicher Rückzug zu früheren psychischen Strukturen) erzeugt wird, die sich gleichzeitig nur auf einen eingeengten Aspekt des Erscheinungs-Wirkenden, bzw. des Schautriebs konzentriert und durch die *Formel-Worte* stabil gehalten wird.

Die *Formel-Wort*-Wiederholung setzt sich nämlich an die Stelle dessen, was man in der Psychoanalyse den Wiederholungszwang, das unbewusste Wiederholen, nennt. Dieses negative, unbewusste Wiederholen wird zumindest so lange aufgehoben, wie die Übungen der *Analytischen Psychokatharsis* wirken. Dadurch wird eine wesentliche Hürde der klassischen Psychoanalyse vereinfacht und vermindert, da der Wiederholungszwang ein tief verankerter seelischer Abwehrmechanismus ist. Durch den Wiederholungsvorgang beim Üben der *Formel-Worte* wird dieses Geschehen jedoch in einen konstruktiven, progressiven Vorgang umgewandelt. Gefühle eines sich stark weitenden Raumes, das Auftauchen von Erinnerungsbildern führen manchmal zu Ablenkungen, die aber einer weiteren Betrachtung nicht wert sind, sondern von denen nur deren Luzidität oder das ‚Durchrieseln' genossen werden kann, die sich in der Horizontalen ausbreiten, und die wichtig für das Erstellen der *Pass-Worte* sind.

Der Philosoph P. Sloterdijk sprach diesbezüglich von ‚Sphären',[65] die wieder an Lacans Topologien und ebenso dessen Sphäre erinnern, ein Begriff, mit dem er das Erscheinungs-Wirkende beschrieb.[66] Doch Sloterdijks Sphären kennen die Senkrechte nicht. Wenn es zu einer Katharsis kommt, zu einer Befreiungserfahrung und stärkeren Loslösung vom Körper, gerät man oft von selbst in die zweite Übung, in der man einen Ton, Klang, eine Silbe oder einen Kurzsatz von rechts oben im Kopf und wie von ferne her hörend wahrnimmt, was ich sogleich extra besprechen will. Kommt es nur zu einer simplen Entspannung, muss man – zum Beispiel nach zwanzig Minuten – einfach so in die zweite Übung von

---

[65] Sloterdijk, P., Sphären I – III, Suhrkamp (1998 bis 2004)
[66] Lacan, J., Seminar IX, Lektion von 23. 5. 1962

sich aus wechseln und sich auf den inneren Ton konzentrieren.

Nach dem R-A-D-I-C-I-T kann nun (weiterhin in der ersten Übung) auch O-R-S-A-C-E-R-A-M hinzugenommen werden, um dem Verfahren für einen ersten Versuch drei *Formel-Worte* zur Verfügung zu stellen. Im Formel-*Wort* stecken folgende Bedeutungen: C eram orsa (hundertfach war ich Beginnen, amo R sacer (ich liebe das heilige R), cera morsa (das zerstückelte Wachs), mors acer (der Tod ist bitter), amor sacer (die Liebe ist heilig) usw. Wie betont, kann man diese Bedeutungen gleich wieder vergessen. Wichtig ist nur, zu verstehen, wie die *Formel-Worte* aufgebaut sind, sodass man wissenschaftlich-intellektuell das Verfahren jederzeit hinterfragen kann. Kommen irgendwelche Gefühle oder Ideen hoch, die unpassend sind oder Angst machen, kann man nachdenken oder sich weiter über das Verfahren belesen. Blinder Glaube ist nicht gefragt.[67]

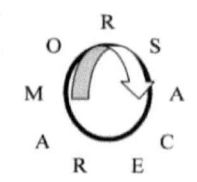

Schließlich sollte auf die zweite Übung übergegangen werden, wenn die Erfahrung des *Strahlt* und der Katharsis genügend ausgeprägt ist, es sei denn, es ist schon – wie erwähnt – von selbst ein Übergang erfolgt. Gerade dieser spontane Übergang zeigt, dass es außer dem

---

[67] Damit sind in diesem Buch drei *Formel-Worte* vermittelt, die zum Üben genügen. Eine Verbesserung kann man mit zwei weiteren zusätzlichen *Formel-Worten* erreichen, die auf der Webseite analytic-psychocatharsis.com angegeben sind.

grundlegenden Dualismus des Erscheinungs-Blick- und Wort-Wirkenden nichts gibt, das Geltung hat, d. h., man kann in den Übungen nicht verloren gehen, da die *Formel-Worte* – solange man ihnen folgt – keinen anderen Ausweg zulassen. Mit dem zündenden kathartischen *Strahlt* gelingt im Unbewussten stets konkret der Wechsel (durch die ‚défilés du signifiant' hindurch) von der mehr bildhaften auf die mehr wortbezogene Seite.

Das ist dann ein genau umgekehrter Vorgang wie in der Psychoanalyse, wo von der Wortbezogenheit ausgegangen wird, um zur psychoanalytisch sonst so schwer fassbaren, nicht-repräsentierten Bild-Blick-Bezogenheit zu kommen. Auf das wortbezogene *Spricht*, auf diese Körper-Echos, also auf ein von oben /rechts im Kopf herkommendes Verlauten, auf einen ‚Ton' aus dem tiefen Inneren, muss man sich konzentrieren. Allein schon der ‚Ton' errichtet einen Halt in der Vertikalen. Sloterdijk schrieb nur von der ‚Vertikalspannung', über die er sich fast etwas lustig machte, weil er nichts damit anzufangen wusste, weil sie ihm mythisch vorkam und er nur die Sozialhorizontale kennt.[68]

Doch es gibt diese Vertikale tatsächlich, sie entspricht einer Lotung, Haltung, Festigung, in einer unverrückbaren Zeit, die ich bereits mit der Geschlechterfolge beschrieben habe (drei, vier Generationen genügen, aber noch deutlicher wird die Senkrechte durch die zigtausend Jahre alte Sprache). Dagegen steht die Horizontale mehr

---

[124] Sloterdijk, P., Du musst dein Leben ändern, Suhrkamp (2009)

für die übliche, fortschreitende Zeit, die mal langsamer (in der Langeweile) und mal schneller (in der Kurzweil) verlaufen kann. Auch Lacan beschreibt diese Zeitmetren. Das in der Horizontalen verlaufende bezieht er auf die Spiegelungserfahrungen, auf das i(a), Bild des Begehrens-Objekts, während das Zeitmetrum in der Vertikalen das der *Signifikanten*, das *Spricht* ist, wie ich es mit dem *Anderen* bereits erwähnt habe. Deswegen kommen auch die *Pass-Worte* von oben, während die Katharsis, das atavistische ‚Durchrieseln' sich im Nacken-Rückenbereich seitlich hin abspielt.[69]

Es sind schließlich Buchstaben, besser noch (B(r)uchstaben), die aus diesem ‚typographischen' Raum herausklingen und die das Unbewusste dort gespeichert hält. Und genau in diesen Raum sind die *Formel-Worte* eingedrungen und haben diese Buchstaben geweckt und evoziert. Auch hier gilt wieder das Gleiche: Es handelt sich um einen ganz originären Aspekt des Entäußerungs- bzw. Sprechtriebes, der in jedem Menschen als Primärprozess vorhanden ist und im Unbewussten sogar die Form ganz knapper, kompakter „innerer Sätze", „ultrareduzierter Phrasen" annimmt (alles Begriffe Lacans für diese lautliche Erfahrung). Auch hier können anfänglich nur ein feines Rauschen, ein ferner Laut oder Ähnliches wahrgenommen werden, der Übende wird jedoch von Anfang an bemerken, dass es sich hier um eine Konzentration auf

---

[69] Atavistisch deswegen, weil es sich oft auch durch ein tief bewegendes Musikstück auslösen lässt, und nicht durch gelehrsame Worte.

ein mehr oben-rechts oder oben-zentral im Kopf befindliches Hör-Sprech-System handelt, zu dem die ‚Echos des Körpers' Beziehung haben, auf die hier zurückgegriffen wird.[70]

Ich bin im Text vielfach darauf eingegangen, zu welchen mehr analytischen und damit auch weniger kathartischen Effekten diese zweite Übung führt. Es bleibt nicht beim einfachen Hören und Erfahren von inneren Lautphänomenen, sondern geht von Buchstabenfolgen bis hin zu kurzen Sätzen. Solche – von Lacan auch als „ultrareduzierte Phrasen" beschriebenen – Kurzsätze nenne ich *Pass-Worte*, Identitätsworte, weil sie, direkt aus dem Unbewussten kommend, natürlich mit der Identität des Übenden zu tun haben, mit dem „unmittelbar vorgefundenen Gegebenen", mit der Identität in dem Sinne, dass nunmehr speziell Verdrängtes, psychisch Abgespaltenes zur Wirkung kommt, so wie es im Freud'schen Versprecher auch der Fall ist. Dort tendiert ein verdrängtes Wort nach vorn und zwängt sich in ein bewusst ausgesprochenes Wort hinein – die typische Funktion des in der Psychoanalyse im Zentrum stehenden Begehrens.

Während man aber beim Versprecher und auch beim Traum versuchen muss, das verdrängte Wort durch Deutung herauszufinden, ist es im *Pass-Wort* gleich mit enthalten. Eine gewisse deutende Einordnung ins bewusste

---

[70] Auch wenn das eigentliche Hör-Sprechsystem im Kopf linksseitig angelegt ist, ist eben rechtsseitig das mehr rudimentäre, musikalische, das prosodische und der Regression besser zugängliche Hör-Sprechsystem vorhanden.

psychische Leben ist oft zudem nötig. Beispiele von *Pass-Worten* habe ich im Text geschildert. Jeder muss hier selbst ausprobieren, was er als *Pass-Wort* anerkennen kann. Manchmal ist es nämlich so, dass man erst fast im Nachhinein, in der Endphase der *Pass-Wort*-Erfahrung, des Phrase-Hörens, den Kurzsatz wahrnimmt. Manchmal scheint es ein sehr, sehr leiser Gedanke zu sein, der aber dennoch klar ist. Ich muss mich hier so diffus ausdrücken, trotzdem besteht an dem Phänomen kein Zweifel, und zwar sowohl von der psychoanalytischen Theorie her als auch von den zahlreichen Erfahrungen, die ich bisher sammeln konnte.

Ich weise nochmals darauf hin, dass nur ein am Höhepunkt der Katharsis wahrgenommenes Wort den Charakter eines *Pass-Wortes* hat. Gleichzeitig betone ich, dass beim Deuten der *Pass-Worte* – falls diese nicht von vornherein eindeutig sind – in zwei Richtungen geprüft werden kann: Hat es etwas mit dem Kausalen eines verdrängten Begehrens zu tun oder mit dem Finalen von etwas Kreativem? Oft gilt beides gleichermaßen, wie ich an den Beispielen im Text gezeigt habe. Ganz unverständliche *Pass-Worte* sollte man jedoch gleich verwerfen. Stets kann man bei jemandem, der Erfahrung mit der Methode hat, bei mir (g.vonhummel@web.de) oder einem entsprechenden Therapeuten nachfragen oder nachlesen, wie man mit den *Pass-Worten* am besten umgeht.

Nochmals also: Nach der ersten Übung, dem gedanklichen Wiederholen mehrerer *Formel-Worte,* und bei gleichzeitigem Darauf-Achten, ob man ein *Strahlt*, eine

Luzidität, ein ‚Durchrieseln', eine befreiende, kathartische Erfahrung, wahrnimmt, geht man – falls man nicht bereits spontan eine Pass-Wort-Erfahrung gemacht hat, evtl. nach zwanzig Minuten – zur zweiten Übung über. Hierbei konzentriert man sich auf den Laut, den Ton, das *Spricht* von oben oder rechts innen her. Bemerkt man, dass der *Strahlt*-Anteil beim Üben zu stark ausfällt, wechselt man zur *Spricht*-Übung und umgekehrt. Beide Übungen sind beliebig lange durchzuführen. Wie gesagt, genügen meist zweimal zwanzig Minuten. Der Wechsel von praktischer Erfahrung und theoretischem Denken ist wichtig, weil am Ende etwas Gemeinsames herauskommen wird: eine gedankliche Selbsterfahrung, eine praktische Logik, eine kathartische Analyse. Letztendlich finden beide Übungen zu einem inneren ‚Auftrag', einer Gewissheit, evtl. auch am Verfahren selbst weiter mitwirken zu können.

Nicht immer läuft alles glatt. Die erste Übung ist noch am einfachsten. Beim Wahrnehmen einer Luzidität trotz geschlossener Augen genügt schon allein das Darauf-Achten bei gleichzeitigem Wiederholen der *Formel-Worte*, dass sich über kurz oder lang eine ausreichende Katharsis einstellt. Schwierigkeit machen kann eher die zweite Übung oder auch das spontane Auftreten der Erfahrung des inneren ‚Tons', des inneren Hörens sein, das aus einem unbewussten Gedanken, einem *Pass-Wort* bestehen kann, wobei ich nochmals betonen muss, dass bereits das mentale Wiederholen der *Formel-Worte* ein unbewusstes Gespräch ist. Denn wer spricht in diesen Momenten, wenn nicht die Formulierung selbst, die automatisch aus der mangelnden Syntax heraus zu einer eben ganzheitlichen syntaktisch-semantischen Formulierung führt, zum *Pass-Wort*.

Wer die *Analytische Psychokatharsis* ausgeübt und ihre Wirkung erfahren hat, weiß, womit er es zu tun hat und wie er es notfalls auch anderen vermitteln kann. Die Grundlagen sind in zahlreichen Büchern von mir, in psychoanalytischer Literatur und auch in soliden, wenn auch nicht wissenschaftlich korrekten, so doch seriösen Texten über die Anwendung von meditativen Verfahren beschrieben. Davon unbeachtet bleibt natürlich der Kern der *Analytischen Psychokatharsis* weisungsbestimmend.

Bibliographie

Appleton, T., Warum verschwanden die Neandertaler, Heyne (1999)

Baggini, J., Ich denke, also will ich, dtv (2016)

Barkhaus, A., Mayer, M., Identität, Leiblichkeit, Normativität, Suhrkamp (1996)

Bauriedl, T., Beziehungsanalyse, Suhrkamp (1993)

Benthien, C., Wulf, Ch., Körperteile, Rowohlt (2001)

Brenman, E., Vom Wiederfinden des guten Objekts, frommann-holzboog (2014)

Brockman, J., Vogel, S., Wie funktioniert die Welt?, Fischer Taschenbuch (2013)

Byung-Chul Han, Die Austreibung des Anderen, Fischer Wissenschaft (201)

Byung-Chul Han, Die Errettung des Schönen, Fischer Wissenschaft (201)

Carnap, R., Einführung in die Philosophie der Naturwissenschaft (1969)

Damasio, A. R., Descartes' Irrtum, dtv (1997)

Davies, P., Gott und die moderne Physik, Bert. M. (1986)

Eccles, J. C., Gehirn und Seele, Piper (1987)

Eichmeier, J., Höfer, O., Endogene Bildmuster, U&S – Verlag (1974)

Eribon, D., Rückkehr nach Reims, ed suhrkamp (2016)

Fischer-Lichte, E., Performativität: Eine Einführung, transcript (2012)

Freud, S., Studienausgabe, Fischer (1989)

Goel, B. S. Meditation und Psychoanalyse, Ariston (1989)

Görz, G., Einführung in die künstliche Intelligenz, Addison-Wesley (1996)

Heidegger, M., Unterwegs zur Sprache, G. Neske (1959)

Hilbrecht, H., Meditation und Gehirn, Schattauer (2010)

Hofstadter, D., Die Analogie, Klett-Cotta (2014)

Horgan, J., An den Grenzen des Wissens, Luchterhand (1997)

Jacobs, A., Schrott, R., Gehirn und Gedicht, Hanser (2011

Jakobson, R., Semiotik, Suhrkamp (1988)

Jakobson, R., On Language, Harvard University Press (1995)

Jung. C. G., Gesammelte Werke, Walter (1983)

Kluge, F., Etymologisches Wörterbuch, W. de Gruyter (1989)

Köhler-Weisker, A., Gespräche unter dem Mopanebaum, Psychosozial-Verlag (2015)

Lacan, J., Schriften I - III, Walter, (1975)

Lacan, J., Seminare I,I, VII, XI, XX, Quadriga (1980-1995)

Lacan, J., Seminaire Nr. III, Iv, VIII, XVII, Edition Seuil (1981-1994)

Lacan, J., Die Bildungen des Unbewussten, Turia & Kant (2006)

Lacan, J., Mitschriften der Seminare VI,IX,X,XII,XV, B.R.L.F., Strasbourg

Laplanche, J., Pontalis, J. B., Das Vokabular Der Psychoanalyse, Suhrkamp (1989)

Leakey, R., Die ersten Spuren, Goldmann (1999)

Maar, C., Pöppel, E., Christaller, T., Die Technik auf dem Weg zur Seele, Rowohlt (1996)

Meckel, M., Steinacker, L., Alles überall auf einmal, Rowohlt (2024)

Merleau-Ponty, M., Das Sichtbare und das Unsichtbare, Fink Verlag (1994)

Plato, Sämtliche Werke, Insel Verlag (1991)

Potthoff, P., Die Begegnung der Subjekte, Psychosozial-Verlag (2014)

Roazen, D., Der innere Sinn, Archäologie eines Gefühls, Fischer (2012)

Roheim, G., Die Panik der Götter, Kindler (1975)

Rosset, C., Das Reale in seiner Einzigartigkeit, Merve (2000)

Rüdinger, D., Perrez, M., Anthropologische Aspekte der Psychologie, O. Müller (1979)

Schmidt-Hellerau, C., Lebenstrieb & Todestrieb, Libido & Lethe, Verlag Intern. Psychoanalyse (1995)

Schmitz, R. W., Thissen, J., Neandertal, Spectrum (2000)

Searle, J. R., Geist, Hirn und Wissenschaft, Suhrkamp (1992)

Seidler, G. H., Der Blick des Anderen, Verlag Intern, Psychoanalyse (1995)

Sinz, R., Gehirn und Gedächtnis, Fischer Utb (1981)

Sloterdijk, P., Du musst dein Leben ändern, Suhrkamp (2009)

Spielrein, S., Sämtliche Schriften, Kore (1987)

Strowik, E., Sprechende Körper, Fink-Verlag (2009)

Thorne, K. S., Gekrümmter Raum und Verbogene Zeit, Knaur (1996)

Uexküll, Th., Fuchs, M., Subjektive Anatomie, Schattauer (1994)

Weiss, Der Andere in der Übertragung, Frommann-Holzboog, (1988)

Weizsäcker, C. F. von, Die Einheit der Natur, dtv (1995)

Weitere Bücher des Autors im MSC-Verlag

Analytische Psychokatharsis
Psychoanalytische Theorie und kathartische Meditation können nicht einfach ineinander überführt werden. Setzt man beide Verfahren aber durch ein entscheidendes Element (einen „linguistischen Kristall") in Beziehung, lässt sich ein eigenes neues Verfahren begründen. Die Psychoanalyse und die meditativen Methoden werden diskutiert, und die Praxis des eigenen Verfahrens wird ausführlich beschrieben.

SIGNIFIKANT Gott?
Schon die unterschiedliche Groß- Kleinschreibung provoziert, dass der SIGNIFIKANT (Bezeichner, Bedeutender), ein Begriff aus der Linguistik, wichtiger sein könnte, als die altehrwürdige Vokabel Gott. Der Autor zeigt, dass Jesus ein Vorläufer der modernen Psychotherapie war und somit sein Vorgehen auch für die heutige Psychoanalyse genutzt werden kann.

Yoga und Psychoanalyse
An Hand einer wissenschaftlichen Biographie des Religionswissenschaftlers und Yogalehrers Kirpal Singh (Surat Shabd Yoga) werden alle Yogaformen von der Seite der Psychoanalyse her betrachtet. Es ergibt sich die Notwendigkeit ein eigenes Verfahren zu begründen, das der Autor auch *Analytische Psychokatharsis* nennt. Zahlreiche Bilder und Schemata machen das Buch anschaulich.

Wissenschaftlich begründet meditieren. Die klassische Methode der Analyse des Unbewussten stellt eine zu theoretische Form der Psychotherapie dar. Um in der Praxis mehr Erfolg zu haben bedarf es eines direkteren selbstanalytischen Verfahrens, das jeder aus sich selbst heraus entwickeln kann. Formulierungen, die in einem einzigen Schriftzug mehrere Bedeutungen enthalten, können das Unbewusste jedes Einzelnen durch mentales Üben aufbrechen und zu sich selbst be-

MIX
Papier aus verantwortungsvollen Quellen
Paper from responsible sources
FSC® C105338